BestMasters

Mit **„BestMasters“** zeichnet Springer die besten Masterarbeiten aus, die an renommierten Hochschulen in Deutschland, Österreich und der Schweiz entstanden sind. Die mit Höchstnote ausgezeichneten Arbeiten wurden durch Gutachter zur Veröffentlichung empfohlen und behandeln aktuelle Themen aus unterschiedlichen Fachgebieten der Naturwissenschaften, Psychologie, Sozialwissenschaften, Technik und Wirtschaftswissenschaften. Die Reihe wendet sich an Praktiker und Wissenschaftler gleichermaßen und soll insbesondere auch Nachwuchswissenschaftlern Orientierung geben.

Springer awards **“BestMasters”** to the best master’s theses which have been completed at renowned Universities in Germany, Austria, and Switzerland. The studies received highest marks and were recommended for publication by supervisors. They address current issues from various fields of research in natural sciences, psychology, social sciences, technology, and economics. The series addresses practitioners as well as scientists and, in particular, offers guidance for early stage researchers.

Marcus Gotter

Die generalistische Pflegeausbildung zwischen Anspruch und Wirklichkeit

Eine empirische Untersuchung aus der Perspektive von Absolventen, Praxisanleitern und Lehrern

Springer Gabler

Marcus Gotter
Fachbereich Wirtschaft
Hochschule Magdeburg-Stendal
Magdeburg, Deutschland

ISSN 2625-3577 ISSN 2625-3615 (electronic)
BestMasters
ISBN 978-3-658-52368-8 ISBN 978-3-658-52369-5 (eBook)
https://doi.org/10.1007/978-3-658-52369-5

Die Deutsche Nationalbibliothek verzeichnet diese Publikation in der Deutschen Nationalbibliografie; detaillierte bibliografische Daten sind im Internet über https://portal.dnb.de abrufbar.

Planung/Lektorat: Elisabeth Horz
Springer Gabler ist ein Imprint der eingetragenen Gesellschaft Springer Fachmedien Wiesbaden GmbH und ist ein Teil von Springer Nature.
Die Anschrift der Gesellschaft ist: Abraham-Lincoln-Str. 46, 65189 Wiesbaden, Germany

Hinweis zu gendergerechter Sprache
Aus Gründen der besseren Lesbarkeit wird im folgenden Text grundsätzlich das sogenannte „generische Maskulinum" verwendet. Diese Formulierungen umfassen Personen jeden Geschlechts; alle werden folglich gleichberechtigt adressiert.

Geleitwort

Kontrovers wurden die Diskurse bereits geführt, bevor im Jahr 2020 das novellierte Pflegeberufegesetz in Kraft trat und damit die Pflegeausbildung in Deutschland grundlegend reformiert wurde. Die bis dahin drei Ausbildungsgänge – Gesundheits- und Krankenpflege, Gesundheits- und Kinderkrankenpflege, beide auf bundesgesetzlicher Grundlage, sowie Altenpflege, überwiegend landesrechtlich geregelt – wurden in einer generalistischen Pflegeausbildung zusammengeführt. Die berufliche Ausbildung dauert drei Jahre.

Trotz vieler kritischer Momente waren mit der Novellierung der Pflegeausbildung große Hoffnungen verbunden. Dazu zählen die Anschlussfähigkeit an Pflegeausbildungen in anderen EU-Staaten, die EU-weite Mobilität, eine höhere Attraktivität und bessere Aufstiegschancen für Absolventinnen und Absolventen sowie die Möglichkeit, zwischen einzelnen Tätigkeitsfeldern zu wechseln und dadurch flexibler eingesetzt werden zu können. Kritikerinnen und Kritiker sehen im Ende des bisherigen deutschen Ausbildungsmodells insbesondere einen Verlust an Spezialisierung, der vor allem die Kinderkrankenpflege und die Altenpflege benachteiligen könnte. Die Kinderkrankenpflege erfordert grundsätzlich spezialisierte Kompetenzen, insbesondere in der Krankenbeobachtung und -pflege, die in einer generalistischen Ausbildung möglicherweise nicht mehr in der bisherigen Tiefe vermittelt werden. Die Altenpflege befürchtet zudem noch stärkere Abwanderungstendenzen in besser ausgestattete und häufig auch besser bezahlte Tätigkeitsfelder in Kliniken.

Marcus Gotter untersucht in seiner Masterthesis im Studiengang Management im Gesundheitswesen an der Hochschule Magdeburg-Stendal die Sicht von Absolventinnen und Absolventen der generalistischen Ausbildung, von Praxisanleiterinnen und Praxisanleitern sowie von Lehrerinnen und Lehrern für

Pflegeberufe auf die generalistische Ausbildung fünf Jahre nach Einführung des neuen Pflegeberufegesetzes. Adressiert wurden damit diejenigen, die unter den neuen Regelungen ausgebildet wurden beziehungsweise ausbilden. Die Studie wurde ausschließlich in Sachsen-Anhalt durchgeführt. Daher sind zwar keine bundesweiten Schlussfolgerungen möglich. Gleichwohl handelt es sich um eine wichtige Arbeit, denn diese Perspektiven wurden bislang empirisch noch nicht in vergleichbarer Differenziertheit untersucht.

Die Ergebnisse zeigen eine gewisse Diskrepanz zwischen dem, was die Reform intendierte, und dem, wie die Ergebnisse der Reform von den untersuchten Gruppen erlebt werden. Kritisch gesehen wird eine Verdichtung der zu vermittelnden theoretischen Kompetenzen, die zu Lücken im Wissenserwerb – insbesondere bei den naturwissenschaftlichen Grundlagen – führen kann. Ferner wird die Praxisanleitung teilweise vernachlässigt und nicht regelkonform umgesetzt. Für die Entwicklung einer beruflichen Identität werden die häufig nur kurzzeitigen Einsätze an bestimmten Praxisorten als Barriere wahrgenommen. Die Verbesserung der Mobilität – auch zwischen den Einsatzfeldern – wird hingegen als positiver Aspekt der Reform benannt.

Marcus Gotter entwickelt auf der Grundlage einer fundierten Dokumentenanalyse und einer detaillierten qualitativ-inhaltsanalytischen empirischen Studie zahlreiche Empfehlungen für die weitere Ausgestaltung der Reform.

Die Arbeit überzeugt durch eine klare, regelkonforme und strukturierte Datenanalyse, die nachvollziehbare Bündelung der Befunde und eine analytisch überzeugende Ergebnisdarstellung. In der Diskussion werden die empirischen Ergebnisse in fundierter Weise plausibel mit den theoretischen Bezugspunkten der Arbeit verknüpft. Ausführlich werden schließlich auch die Limitationen der Arbeit reflektiert. Mit der vorgelegten Masterarbeit, der sorgfältigen, wissenschaftlich starken und korrekten Umsetzung der Studie sowie der kritisch-distanzierten Diskussion der eigenen Ergebnisse zeigt Marcus Gotter, wie weit er sich – auf der Grundlage seiner langjährigen beruflichen Erfahrungen in der Pflege – bereits zu einem ernstzunehmenden Wissenschaftler entwickelt hat.

Prof. Dr. Thomas Hering
Fachbereich Angewandte
Humanwissenschaften
Hochschule Magdeburg-Stendal
Osterburger Str. 25, 39576 Stendal,
Deutschland

Interessenkonflikt Der/die Autor*in hat keine relevanten Interessenskonflikte im Zusammenhang mit dieser Publikation.

Zusammenfassung

Das Pflegeberufegesetz ordnet die Berufsausbildung zur Pflegefachperson seit 2020 neu: Eine Zusammenführung der bislang getrennten Ausbildungsstränge in der Altenpflege, Gesundheits- und Krankenpflege sowie Gesundheits- und Kinderkrankenpflege erfolgt in einer generalistischen Ausbildung. Verbunden damit sind die Erwartungen an höhere Ausbildungs- und Berufsattraktivität, bessere Anschlussfähigkeit und eine nachhaltige Stärkung der medizinisch-pflegerischen Versorgung. Unter den Bedingungen eines Flächenlandes wie Sachsen-Anhalt stellt sich jedoch die Frage, wie tragfähig diese Zielsetzungen im Ausbildungsvollzug tatsächlich eingelöst werden.

Vor diesem Hintergrund untersucht die Masterthesis, wie die *„Generalistik"* fünf Jahre nach ihrer Einführung aus Sicht von Absolventen, Praxisanleitern und Lehrern erfahren und bewertet wird und welche Implikationen sich daraus für die Praxis ergeben. Zur Beantwortung der Forschungsfrage kommt ein qualitatives Studiendesign zur Anwendung. Grundlage bietet die Befragung von 18 Akteuren im Rahmen von 15 leitfadengestützte Experteninterviews (Einzel- und Gruppeninterviews). Die Auswertung erfolgt mittels inhaltlich strukturierender qualitativer Inhaltsanalyse nach Kuckartz.

Die Ergebnisse legen eine deutliche Diskrepanz zwischen Reformanspruch und Ausbildungserleben offen. Anerkannt werden insbesondere der universelle Berufsabschluss und Perspektiven beruflicher Mobilität. Gleichzeitig treten wiederkehrende Schwachstellen hervor: ungleiche Arbeitsbedingungen zwischen Praxislernorten, Brüche im Theorie-Praxis-Transfer, Verdichtung curricularer und prüfungsbezogener Anforderungen sowie eine nicht durchgängig verlässliche Praxisanleitung. Insgesamt erscheint die generalistische Berufsausbildung zur Pflegefachperson als formal etabliert, allerdings noch nicht als qualitativ konsolidiert. Daraus folgt vornehmlich die Notwendigkeit einer priorisierten Stabilisierung von Umsetzung, Koordination und Anleitung statt einer weiteren Ausweitung des Anforderungsprofils.

Abstract

Since 2020, the Nursing Professions Act has reorganized vocational training as a nursing specialist: The previously separate training strands in geriatric care, health and nursing care, and health and pediatric nursing are being merged into a generalist training. Associated with this are the expectations of greater training and professional attractiveness, better connectivity and a sustainable strengthening of medical and nursing care. Under the conditions of a large state such as Saxony-Anhalt, however, the question arises as to how viably these objectives are actually met in the implementation of training.

Against this background, the master's thesis examines how *"generalistics"* is experienced and evaluated from the point of view of graduates, practice instructors and teachers five years after its introduction and what implications this has for practice. To answer the research question, a qualitative study design is used. The basis is the survey of 18 stakeholders in the context of 15 guideline-based expert interviews (individual and group interviews). The evaluation is carried out by means of a qualitative content analysis according to Kuckartz, which structures the content.

The results reveal a clear discrepancy between reform aspirations and training experience. In particular, universal vocational qualifications and prospects for occupational mobility are recognised. At the same time, recurring weaknesses emerge: unequal working conditions between practical learning locations, breaks in the transfer of theory and practice, consolidation of curricular and examination-related requirements, and practical guidance that is not consistently reliable. Overall, generalist vocational training for nurses appears to be formally established, but not yet qualitatively consolidated. This primarily results in the need for a prioritized stabilization of implementation, coordination and guidance instead of a further expansion of the requirement profile.

Inhaltsverzeichnis

Abkürzungsverzeichnis

AltPflAPrV	Altenpflege-Ausbildungs- und Prüfungsverordnung
AltPflG	Altenpflegegesetz
BBiG	Berufsbildungsgesetz
BENP (II)	Begleitforschung des Veränderungsprozesses zur Einführung der neuen Pflegeausbildungen („II“ markiert die Projektfortsetzung)
BfJ	Bundesamt für Justiz
BMAS	Bundesministerium für Arbeit und Soziales
BMFSFJ	Bundesministerium für Familie, Senioren, Frauen und Jugend
BMG	Bundesministerium für Gesundheit
BMJV	Bundesministerium der Justiz und für Verbraucherschutz
BVKJ	Berufsverband für Kinder- und Jugendärzt*innen e. V.
DBfK	Deutscher Berufsverband für Pflegeberufe e. V.
Destatis	Statistisches Bundesamt
ESM	Electronic Supplementary Material
EU	Europäische Union
HK	Hauptkategorie
ICN	International Council of Nurses
KBV	Kassenärztliche Bundesvereinigung
KHG	Krankenhausfinanzierungsgesetz
KI	Künstliche Intelligenz
KrPflAPrV	Krankenpflege-Ausbildungs- und Prüfungsverordnung
KrPflG	Krankenpflegegesetz

MWL	Ministerium für Wirtschaft, Tourismus, Landwirtschaft und Forsten (Sachsen-Anhalt)
ÖGKV	Österreichischer Gesundheits- und Krankenpflegeverband
PflAPrV	Pflegeausbildungs- und Prüfungsverordnung
PflBG	Pflegeberufegesetz
PflBGZustVO	Pflegeberufezuständigkeitsverordnung
PflBRefG	Pflegeberufereformgesetz
PflEignVO LSA	Pflegeberufe-Eignungsverordnung Sachsen-Anhalt
QDA	Qualitative Datenanalyse
SBK-ASI	Schweizer Berufsverband der Pflegefachfrauen und Pflegefachmänner-Association Suisse des Infirmières et Infirmiers
SGB (V, XI)	Sozialgesetzbuch (fünf, elf)
SK	Subkategorie
SPD	Sozialdemokratische Partei Deutschlands
VdPB	Vereinigung der beruflichen Pflegenden in Bayern
ver.di	Vereinte Dienstleistungsgewerkschaft

Abbildungsverzeichnis

Einleitung

1

Die professionelle Pflege stellt eine unverzichtbare Säule der bundesdeutschen Versorgungsinfrastruktur dar. Sie unterliegt zugleich einem stetigen Wandel durch gesundheitspolitische Rahmenbedingungen und ökonomische Notwendigkeiten. Vor dem Hintergrund der staatlichen Verpflichtung zur Daseinsfürsorge, die sich aus dem Sozialstaatsgebot des Grundgesetzes ableitet, leistet die Profession einen entscheidenden Beitrag zur Sicherstellung der medizinisch-pflegerischen Versorgung der Bevölkerung[1] – eine Aufgabe, die angesichts der demografischen Entwicklung, des sozialen Wertewandels und veränderter Familienstrukturen zunehmend an Komplexität gewinnt. In diesem Spannungsfeld zwischen steigendem Versorgungsbedarf und begrenzten personellen Ressourcen nimmt die berufliche Qualifizierung eine Schlüsselposition ein, da sie nicht nur als Garant für die Versorgungsqualität, sondern auch als strategisches Instrument zur langfristigen Fachkräftesicherung fungiert.[2] Mit der Einführung der generalistischen Berufsausbildung zur Pflegefachperson[3] im Jahr 2020 wurde das Ausbildungssystem grundlegend reformiert, um diesen Anforderungen gerecht zu werden. Der nachhaltige Erfolg dieser Neuausrichtung hängt jedoch maßgeblich von ihrer Bewährung in der Versorgungsrealität ab und bildet demzufolge den Gegenstand vorliegender Untersuchung.

---

[1] Vgl. Simon, M. (2021): Das deutsche Gesundheitssystem, 7. Aufl., Bern, S. 68; Vgl. Münnich, R./ Kopp, J (Hrsg.) (2019): Pflege an der Grenze, Wiesbaden, S. 3.

[2] Vgl. Reiber, K./ Mohr, J./ Evans-Borchers, M./ u. a. (Hrsg.) (2024): Fachkräftesicherung, Versorgungsqualität und Karrieren in der Pflege, Bielefeld, S. 28–29.

[3] Die gesetzlich geschützten Berufsbezeichnungen lauten gemäß § 1 PflBG *„Pflegefachfrau"* bzw. *„Pflegefachmann"*. Um die sperrige Doppelbezeichnung zugunsten einer besseren Lesbarkeit zu vermeiden, wird im vorliegenden Text der zusammenfassende Begriff *„Pflegefachperson"* verwendet, sofern keine spezifische Unterscheidung erforderlich ist.

M. Gotter, *Die generalistische Pflegeausbildung zwischen Anspruch und Wirklichkeit*, BestMasters, https://doi.org/10.1007/978-3-658-52369-5_1

Als thematisches Fundament der Arbeit führt dieses Kapitel in den Forschungsgegenstand ein. Zunächst wird in Abschnitt 1.1 die zugrundeliegende Problemstellung skizziert, die maßgeblich durch das Spannungsfeld zwischen steigenden Versorgungsbedarfen und knappen Personalressourcen geprägt ist. Darauf aufbauend verdeutlicht Abschnitt 1.2 die spezifische Relevanz des Themas, insbesondere vor dem Hintergrund der regionalen Strukturen in Sachsen-Anhalt. Abschließend werden in Abschnitt 1.3 das Forschungsziel präzisiert und die leitenden Fragestellungen formuliert, die den roten Faden für die empirische Analyse dieser Arbeit bilden.

1.1 Problemstellung

Eng verknüpft mit den Anforderungen an eine moderne Pflegeausbildung ist die Verfügbarkeit personeller Ressourcen, weil berufspolitische Neuordnungen stets auf die Realitäten des Arbeitsmarktes reagieren. Dabei stellt der Mangel an Pflegefachpersonal kein neuartiges Phänomen dar, sondern fungiert bereits seit Mitte des 20. Jahrhunderts als wesentlicher Treiber für gesundheitspolitische Reformüberlegungen.[4] Seit langem zeichnet sich ab, dass die Personalkapazitäten nicht mit den wachsenden Versorgungsbedarfen Schritt halten können. Diese historische Entwicklung hat sich heute so weit zugespitzt, dass Analysen der Bundesagentur für Arbeit den Pflegeberuf in Deutschland inzwischen flächendeckend als Engpassberuf klassifizieren.[5] Wie in Abbildung 1.1 veranschaulicht, zeigt diese Kategorisierung, dass eine Besetzung vakanter Positionen mit qualifizierten Fachkräften am Pflegemarkt kaum noch zeitnah realisierbar ist.

Verschärft wird diese angespannte Arbeitsmarktsituation durch makroökonomische Entwicklungen und eine zunehmend dynamische Geschäftswelt.[6] Die gestiegene Mobilität der Arbeitnehmer und eine breite Diversifizierung beruflicher Alternativen führen dazu, dass die Pflegeprofession in einem harten Wettbewerb mit anderen Branchen steht, die oft flexiblere Arbeitszeitmodelle

---

[4] Vgl. Kreutzer, S./ Lange, J./ Nolte, K./ u. a. (Hrsg.) (2025): Lehrbuch Geschichte der Pflege, Berlin, S. 35.

[5] Vgl. Bundesagentur für Arbeit (Hrsg.) (2025): Berichte: Blickpunkt Arbeitsmarkt – Arbeitsmarktsituation im Pflegebereich, Nürnberg, S. 21.

[6] Die Komplexität und Unvorhersehbarkeit der modernen Arbeits- und Geschäftswelt wird in der Managementliteratur häufig durch das Akronym VUCA (Volatility, Uncertainty, Complexity, Ambiguity) beschrieben. Als zeitgemäße Weiterentwicklung etabliert sich zunehmend das BANI-Modell (Brittle, Anxious, Non-linear, Incomprehensible) nach Cascio; Vgl. Cascio, J. (2020): Facing the Age of Chaos.

Berichtsjahr ↕	Gesamtbewertung ↕	Vakanzzeit in Tagen	Arbeitsuchenden-Stellen-Relation	Berufsspez. Arbeitslosenquote in Prozent	Veränd. Anteil sv-pfl. beschäftigter Ausländer in Prozentpunkten	Abgangsrate aus Arbeitslosigkeit in Prozent	Entwicklung mittlere Entgelte in Prozent	Einstufung
2024	2,7	142	1,4	1,1	3,4	14,8	14,3	Engpassberuf
2023	2,8	113	1,2	1,0	3,2	15,4	13,0	Engpassberuf
2022	2,8	135	1,0	0,8	2,9	15,3	12,2	Engpassberuf
2021	2,8	122	0,8	0,7	2,6	17,2	10,7	Engpassberuf
2020	0,0	X	X	X	X	X	X	kein Engpassberuf
2019	0,0	X	X	X	X	X	X	kein Engpassberuf

Abbildung 1.1 Vakanzzeit für Pflegefachpersonal 2019 bis 2024. (**Quelle:** Bundesagentur für Arbeit (2024), Engpassanalyse/Engpassbewertung)

oder geringere psychische und physische Belastungsfaktoren bieten.[7] Denn die Pflege als Teil der Gesundheitsbranche ist personalmangelbedingt durch hohe Arbeitsverdichtung und Leistungsdruck gekennzeichnet.[8] Dies wird u. a. durch einen überdurchschnittlich hohen Krankenstand deutlich, wie der aktuelle *DAK-Gesundheitsreport* belegt: Dabei verzeichnet Sachsen-Anhalt mit 6,5 % den bundesweit höchsten Wert.[9]

Als kompensatorische Strategie rückt daher die Gewinnung internationaler Fachpersonen in den Fokus. Doch dieser globale Wettbewerb um Personal stößt in der Praxis auf signifikante Barrieren. Die Integration von Pflegepersonal aus dem Ausland wird oftmals durch langwierige bürokratische Anerkennungsverfahren und divergente Ausbildungssysteme erschwert. Da die Pflegeausbildung in vielen Herkunftsländern akademisch verortet ist, gestaltet sich die Äquivalenzprüfung zur deutschen, fachschulisch geprägten Ausbildung komplex, was ein zeitnahes *„Ankommen"* internationaler Fachkräfte im deutschen Versorgungssystem erheblich verzögert.[10] Folglich richtet sich der Fokus zur Deckung des Personalbedarfs

[7] Vgl. Breinbauer, M. (2020): Arbeitsbedingungen und Arbeitsbelastungen in der Pflege, Wiesbaden, S. 98.

[8] Vgl. Deutscher Verein für öffentliche und private Fürsorge e. V. (Hrsg.) (2022): Fachkräftesicherung in Pflege und Sozialer Arbeit, Berlin, S. 16; Vgl. Leufgen, B. (2025): Orientierungsmuster und Beanspruchungserleben in der Pflege, Wiesbaden, S. 23–24.

[9] Vgl. Storm, A./ Nürnberg, V. (Hrsg.) (2025): Gesundheitsreport 2025, Hamburg, S. 37, S. 41.

[10] Vgl. Darmann-Finck, I./ Sahmel, K.-H. (Hrsg.) (2023): Pädagogik im Gesundheitswesen, Berlin, S. 42.

wieder verstärkt auf den heimischen Arbeitsmarkt, der allerdings einer massiven demografischen Transformation unterliegt. Dieses als *„doppelte Alterung"*[11] bezeichnete Phänomen verschärft die Diskrepanz zusehends. Während die Zahl der Pflegebedürftigen von 5,2 Mio. (2025) bis zum Jahr 2055 voraussichtlich auf mindestens 6,8 Mio. Menschen ansteigen wird, scheiden die geburtenstarken Jahrgänge der Babyboomer-Generation sukzessive aus dem Erwerbsleben aus.[12] Demnach verknappt sich der Nachwuchs als Ressource drastisch. Umso beträchtlicher wiegt in diesem Kontext die Tatsache, dass das Ausbildungssystem substanzielle Verluste verzeichnet. Die Brisanz der Lage verdeutlicht eine Analyse der aktuellen Daten aus Sachsen-Anhalt. Gemäß der Aufstellung in Abbildung 1.2 beendeten im Jahr 2024 von insgesamt 1.698 Auszubildenden lediglich 1.104 ihre Ausbildung erfolgreich. Dies entspricht einer Verlustquote von rund 35 %, welche sich aus vorzeitigen Vertragsauflösungen ohne Prüfungen sowie endgültig nicht bestandenen Prüfungen summiert. Ein derartiger Substanzverlust stellt nicht nur die ökonomische Ineffizienz dar, sondern konterkariert die Bemühungen um eine nachhaltige Fachkräftesicherung erheblich, da mehr als ein Drittel der Nachwuchskräfte dem Arbeitsmarkt letztlich nicht als Fachpersonal zur Verfügung steht.

	2023 **Ausbildung beendet**	**2024** **Ausbildung beendet**
Auszubildende (gesamt)	1.404	1.698
Prüfung bestanden	945	1.104
Prüfung endgültig nicht bestanden	24	66
Beendigung der Ausbildung ohne Prüfung	432	528
Verlustquote	32,5 %	35 %

Abbildung 1.2 Jahresvergleich der beendeten Ausbildungen in Sachsen-Anhalt. (**Quelle:** Statistisches Landesamt Sachsen-Anhalt (2025), Eigene Darstellung)

[11] Das Phänomen der „doppelten Alterung" resultiert aus dem gleichzeitigen Anstieg der Lebenserwartung („Alterung von oben") und dem Rückgang der Geburtenraten („Alterung von unten"); Vgl. Birg, H. (2005): Die demographische Zeitenwende, 4. Aufl., S. 21–41, S. 42–51.

[12] Vgl. Destatis (2023): Pflegevorausberechnung: 1,8 Millionen mehr Pflegebedürftige bis zum Jahr 2055 zu erwarten, Pressemitteilung Nr. 124 vom 30. März 2023.

1.2 Relevanz des Themas

Angesichts der sich zuspitzenden demografischen Lage besitzt die Auseinandersetzung mit der Ausbildungssituation eine hohe gesellschaftspolitische Relevanz. Die Sicherung des Fachpersonalbedarfs in der Pflege ist keine rein administrative Aufgabe. Sie ist vielmehr eine strategische Notwendigkeit zur Aufrechterhaltung der Versorgungsstabilität.[13] Dabei ist zu berücksichtigen, dass die mit der generalistischen Berufsausbildung intendierten Qualitätssteigerungen unweigerlich höhere Qualifikationsansprüche an alle beteiligten Akteure implizieren. Schulleiter, Lehrer und Praxisanleiter sind demnach ebenso gefordert wie die Auszubildenden selbst, welche sich aufgrund der neuen Ausbildungsstruktur komplexe Lerninhalte anzueignen haben.[14] Die Ausbildungsqualität wird hierbei zum Schlüsselfaktor, weil jeder Verlust im Qualifizierungsverlauf – sei es durch vorzeitige Beendigung der Ausbildung oder nicht bestandene Prüfungen – das Potenzial an zukünftigen Pflegefachpersonen weiter verringert; eine Ressource, die – wie in Abschnitt 1.1 dargelegt – ohnehin dramatisch schwindet und deren Erhalt folglich über die Zukunftsfähigkeit der regionalen Versorgungslandschaft entscheidet.[15]

Besondere Brisanz erhält diese Thematik durch den regionalen Fokus auf Sachsen-Anhalt. Das Bundesland nimmt angesichts seiner spezifischen Struktur eine Sonderrolle ein. Aufgrund eines Anteils von rund 80 % ländlich geprägter Räume und einer überdurchschnittlich schnellen Alterung der Bevölkerung ist der regionale Bedarf an Pflegefachpersonen hier besonders akut.[16] Mit einem Durchschnittsalter von rund 48,3 Jahren (2024) weist Sachsen-Anhalt aktuell die älteste Bevölkerung aller Bundesländer auf.[17] Dies potenziert die Herausforderungen in der Pflegeversorgung, da laut aktuellem *AOK-Pflegereport* gerade

---

[13] Vgl. Deutscher Verein für öffentliche und private Fürsorge e. V. (Hrsg.) (2022): Fachkräftesicherung in Pflege und Sozialer Arbeit, Berlin, S. 28.

[14] Vgl. Darmann-Finck, I./ Sahmel, K.-H. (Hrsg.) (2023): Pädagogik im Gesundheitswesen, Berlin, S. 217.

[15] Vgl. Reiber, K./ Mohr, J./ Evans-Borchers, M./ u. a. (Hrsg.) (2024): Fachkräftesicherung, Versorgungsqualität und Karrieren in der Pflege, Bielefeld, S. 160, S. 245.

[16] Laut MWL leben rund 80 % der Bevölkerung Sachsen-Anhalts in ländlichen Räumen, wobei diese. als „das gesamte Bundesland neben den beiden Verdichtungsräumen Halle (Saale) und Magdeburg" definiert werden, Vgl. MWL (2025): Stärkung der Attraktivität und Zukunftsfähigkeit ländlicher Räume.

[17] Vgl. Statistisches Landesamt Sachsen-Anhalt (2025): Bevölkerungsstruktur weiter im Wandel: Altersdurchschnitt stieg auf 48 Jahre und 3 Monate, Pressemitteilung Nr. 192/2025.

ländliche Strukturen und ein hohes Durchschnittsalter direkt mit einer signifikant höheren Inanspruchnahme von Pflegesach- und Kombinationsleistungen korrelieren.[18] Hierdurch kommt der Region die Funktion eines demografischen Frühindikators zu, weil die hier bereits sichtbaren Versorgungsengpässe Entwicklungen vorwegnehmen, die anderen Bundesländern erst bevorstehen.[19] In dieser angespannten Lage kann sich die Region nicht leisten, Auszubildende durch vermeidbare strukturelle Defizite zu verlieren.

Gleichwohl weisen aktuelle Erhebungen auf gravierende Diskrepanzen zwischen dem gesetzlichen Anspruch und der betrieblichen Ausbildungsrealität hin. Ein zentraler Kritikpunkt ist die oft unzureichende Praxisanleitung. So belegt eine Umfrage des DBfK unter Pflegeauszubildenden, dass die gesetzlich vorgeschriebene Anleitungszeit im Umfang von 10 % der praktischen Berufsausbildung oftmals nicht eingehalten wird. Tatsächlich liegt die Erfüllungsquote hier bei lediglich 27 %.[20] Die Konsequenzen dieser strukturellen Defizite spiegeln sich in einer alarmierenden Stimmungslage wider. Laut dem aktuellen *Ausbildungsreport Pflegeberufe 2024* der Gewerkschaft ver.di hat sich die Zufriedenheit der Auszubildenden bedeutend verschlechtert. Gaben im Jahr 2021 noch rund 43 % der Befragten an, zufrieden zu sein, sank dieser Wert 2024 auf knapp 34 %. Damit liegt die Zufriedenheit mit der generalistischen Berufsausbildung in der Pflege bei weniger als der Hälfte des Durchschnitts anderer dualer Ausbildungsberufe, deren Zufriedenheit bei rund 72 % rangiert. Dies ist von hoher strategischer Relevanz, da die Ausbildungszufriedenheit maßgeblich darüber entscheidet, ob Absolventen dem Beruf auch langfristig erhalten bleiben.[21]

Trotz der bundesweiten Warnsignale besteht eine wissenschaftliche Forschungslücke für die spezifische Situation in Sachsen-Anhalt. Es fehlt an Erkenntnissen darüber, wie sich diese strukturellen Hürden unter den erschwerten Bedingungen des demografischen Wandels in einem Flächenland konkret auf die Bewertung der generalistischen Pflegeausbildung auswirken. Genau in dieser Schnittstelle setzt die vorliegende Untersuchung an.

---

[18] Vgl. Wissenschaftliches Institut der AOK (WIdO) (2024): Pflege-Report 2024: erhebliche regionale Varianz bei der Entwicklung von Pflegebedürftigkeit in Deutschland, Pressemitteilung vom 10.12.2024, Berlin, S. 2.

[19] Vgl. Demografieportal des Bundes und der Länder (2025): Fakten – Altersstruktur der Bevölkerung in Sachsen-Anhalt.

[20] Vgl. DBfK (Hrsg.) (2024): Situation der Praxisanleitung – DBfK Auszubildenden Befragung 2024, Berlin, S. 6.

[21] Vgl. ver.di (2024): Ausbildungsreport Pflegeberufe 2024, Berlin, S. 9, S. 48.

1.3 Forschungsziel und Fragestellung(en)

Im Zentrum dieser Masterthesis steht die empirische Analyse der generalistischen Berufsausbildung zur Pflegefachperson in Sachsen-Anhalt, fünf Jahre nach ihrer Einführung. Kritisch reflektiert wird dabei der Grad der Zielerreichung, insbesondere hinsichtlich der politisch angestrebten Steigerung der Ausbildungsattraktivität sowie der Wirksamkeit der strukturellen Neuausrichtung in der regionalen Versorgungspraxis.

Wenngleich das PflBG im Sinne einer primärqualifizierenden Hochschulausbildung gemäß § 37 auch einen akademischen Zugangsweg etabliert hat, konzentriert sich die vorliegende Untersuchung auf die duale, fachschulische Berufsausbildung, da diese das quantitative Rückgrat der Fachkräftesicherung in Sachsen-Anhalt bildet. Zwar stellt die Akademisierung zweifellos einen wichtigen Schritt zur Weiterentwicklung der Pflegeprofession dar, doch belegen aktuelle Daten, dass die entsprechenden Studiengänge zahlenmäßig derzeit noch eine Nischenrolle einnehmen und die Akademisierungsquote weit hinter der vom Wissenschaftsrat bereits im Jahr 2012 postulierten und 2023 erneut bekräftigten Zielmarke von 20 % zurückbleibt. Die derzeitige Quote beträgt lediglich 2,5 %.[22] Angesichts der Tatsache, dass der weit überwiegende Teil des pflegerischen Nachwuchses somit weiterhin den fachschulischen Ausbildungsweg beschreitet, ist er für die regionale Versorgungstabilität von ausschlaggebender Bedeutung. Eine bewusste Fokussierung auf diesen Ausbildungspfad dient dabei der methodischen Schärfe, um trotz der strukturellen Unterschiede zum akademischen Zugang zielgerichtete Handlungsempfehlungen für die breite Versorgungspraxis ableiten zu können.

Aus dieser Zielsetzung leitet sich folgende Hauptforschungsfrage ab:

> *Wie wird die generalistische Pflegeausbildung in Sachsen-Anhalt aus Sicht von Absolventen, Praxisanleitern und Lehrern fünf Jahre nach ihrer Einführung erfahren und bewertet, und welche Implikationen ergeben sich daraus für die Praxis, um die Attraktivität und Ausbildungsqualität nachhaltig zu steigern?*

Zur Beantwortung dieser Hauptforschungsfrage werden drei Teilforschungsfragen exploriert:

---

[22] Vgl. Wissenschaftsrat (Hrsg.) (2023) Perspektiven für die Weiterentwicklung der Gesundheitsberufe, Saarbrücken, S. 65.

- *Wie beurteilen Absolventen, Praxisanleiter und Lehrer in Sachsen-Anhalt die Übereinstimmung der erfahrenen Wirklichkeit der generalistischen Pflegeausbildung mit den angestrebten Zielen?*
- *Welche spezifischen Stärken und Schwächen der generalistischen Pflegeausbildung werden von den Akteuren benannt, und welche konkreten Optimierungspotenziale ergeben sich daraus?*
- *Welche praxisorientierten Handlungsempfehlungen lassen sich aus den ermittelten Erfahrungen für Pflegeorganisationen, Pflegefachschulen und die Landespolitik ableiten?*

Für eine fundierte Beantwortung dieser Fragestellungen legt das folgende Kapitel das theoretische Fundament, indem es zunächst das Verständnis professioneller Pflege schärft und die historischen Entwicklungslinien der Pflegeausbildung nachzei.

2 Theoretischer Hintergrund

Um die empirische Untersuchung theoretisch zu verankern, bettet dieses Kapitel den Untersuchungsgegenstand in seinen historischen, rechtlichen und professionstheoretischen Kontext ein. Ziel ist es, die Komplexität der Ausbildungsreform und die daraus resultierenden Spannungsfelder differenziert zu erfassen.

Abschnitt 2.1 widmet sich eingangs einer definitorischen Annäherung an die professionelle Pflege sowie der Abgrenzung ihrer Kernaufgaben. Darauf aufbauend zeichnen die Abschnitt 2.2 und 2.3 den historischen Werdegang und die fragmentierte Ausbildungsstruktur vor Einführung des PflBG nach, um die Erforderlichkeit einer Neuordnung herzuleiten. Im Zentrum der theoretischen Betrachtung steht anschließend in Abschnitt 2.4 die Novellierung der Berufsausbildung zur Pflegefachperson selbst. Hier werden die gesetzlichen Ziele, strukturellen Neuerungen sowie zentralen Kritikpunkte der Reform detailliert erörtert. Abschließend bündelt Abschnitt 2.5 den aktuellen Forschungsstand und schafft damit die inhaltliche Basis für die methodische Konzeption der empirischen Untersuchung.

2.1 Professionelle Pflege: Definition und Kernaufgaben

Professionelle Pflege lässt sich nicht auf eine reine Hilfstätigkeit reduzieren. Sie definiert sich vielmehr als eigenständige Profession mit wissenschaftlicher Fundierung und gesellschaftlichem Auftrag. International orientiert sich das Berufsbild an der im Jahr 2025 aktualisierten Definition des ICN. Demnach widmet sich die professionelle Pflege der *„Wahrung des Rechts aller Menschen auf*

M. Gotter, *Die generalistische Pflegeausbildung zwischen Anspruch und Wirklichkeit*, BestMasters, https://doi.org/10.1007/978-3-658-52369-5_2

bestmögliche Gesundheit". Zentral ist hierbei die *„Verpflichtung zu einer kooperativen, kulturell sicheren und menschenzentrierten Pflege und Versorgung"*, die nicht nur die unmittelbare Kuration erfasst, sondern sich explizit für gesundheitliche Chancengleichheit sowie ein nachhaltiges Lebensumfeld einsetzt.[1]

Verfassungsrechtlich leitet sich in Deutschland aus Artikel 74 Abs. 1 Nr. 19 des Grundgesetzes eine besondere staatliche Verantwortung für die Ausgestaltung dieses Heilberufs ab.[2] Konkretisiert wird dieser Versorgungsauftrag in § 5 des PflBG, welcher das Ausbildungsziel normiert. Gesetzlich verankert ist hier die Befähigung zur *„selbstständigen, umfassenden und prozessorientierten Pflege von Menschen aller Altersstufen in akut und dauerhaft stationären sowie ambulanten Pflegesituationen [...]"*. Inhaltlich erstreckt sich der Auftrag auf *„präventive, kurative, rehabilitative, palliative sowie sozialpflegerische Maßnahmen zur Erhaltung, Förderung, Wiedererlangung oder Verbesserung der physischen und psychischen Situation der zu pflegenden Menschen, ihre Beratung sowie ihre Begleitung in allen Lebensphasen und die Begleitung Sterbender"*.[3] Fundiert wird das pflegerische Handeln dabei durch aktuelle pflegewissenschaftliche und medizinische Erkenntnisse sowie eine professionelle Ethik. Ergänzend dazu betont die Fachkommission nach § 53 PflBG die Bedeutung eines professionell-ethischen Selbstverständnisses. Gefordert ist eine subjektorientierte Haltung, die das Handeln an den individuellen biografischen Erfahrungen und der Lebenswelt der Pflegebedürftigen ausrichtet. Entscheidungsprozesse sind dabei partizipativ und verständigungsorientiert zu gestalten, um trotz der faktischen Asymmetrie in der Hilfebeziehung die Autonomie und Selbstbestimmung der Betroffenen zu wahren.[4]

In scharfer Abgrenzung dazu steht die informelle Pflege, oft auch als *„Laienpflege"* deklariert. Hierbei ist allerdings auf eine präzise Terminologie zu achten, da der Begriff der *„Pflegeperson"* im beruflichen Sprachgebrauch nicht selten fälschlicherweise synonym für professionell Pflegende verwendet wird. Definitorisch bezeichnet er das Gegenteil. Gemäß § 19 SGB XI sind Pflegepersonen diejenigen, die einen Pflegebedürftigen *„nicht erwerbsmäßig"* pflegen. Der Gesetzgeber adressiert mit diesem Terminus explizit Angehörige oder Nachbarn,

[1] Vgl. ICN/ DBfK/ ÖGKV/ SBK-ASI (Hrsg.) (2025): Die Neudefinition von Pflege und Pflegefachperson, Berlin, S. 4.

[2] Vgl. Bundesinstitut für Berufsbildung (BiBB) (Hrsg.) (2020): Begleitmaterialien zu den Rahmenlehrplänen der Fachkommission nach § 53 PflBG, Bonn, S. 6.

[3] Weiß, T./ Meißner, T./ Kempa, S. (2018): Das Pflegeberufereformgesetz (PflBRefG), Wiesbaden, S. 134.

[4] Vgl. Bundesinstitut für Berufsbildung (BiBB) (Hrsg.) (2020): Begleitmaterialien zu den Rahmenlehrplänen der Fachkommission nach § 53 PflBG, Bonn, S. 7–8.

wohingegen die professionelle Versorgung im Rahmen einer erwerbsmäßigen Berufsausübung erfolgt.[5]

2.2 Pflegeausbildung im 20. Jahrhundert

Historisch betrachtet vollzog sich die Entwicklung der Pflegeausbildung im 20. Jahrhundert nicht linear, sondern als ein von Brüchen und gegensätzlichen Interessen geprägter Prozess. Gekennzeichnet war dieser Weg durch den Wandel von angelernten Hilfstätigkeiten hin zu verberuflichten Qualifikationsprofilen mit dreijähriger Ausbildungsdauer auf gesetzlicher Grundlage.[6] Strukturell beschritt die Bundesrepublik Deutschland dabei einen *„Sonderweg"*.[7] Anders als im klassischen dualen System war die Pflegeausbildung traditionell weder in das BBiG integriert, noch fand sie an öffentlichen Berufsschulen statt. Vielmehr erfolgte die Lehre an spezifischen Pflegeschulen, die sich überwiegend in Trägerschaft von Krankenhäusern oder freigemeinnützigen Einrichtungen befanden und somit außerhalb des regulären staatlichen Schulsystems verortet waren.[8]

Maßgebliche Impulse für die Systematisierung der Pflegeausbildung gingen Ende des 19. Jahrhunderts von den fortschreitenden medizinischen Erkenntnissen in Wundbehandlung, Bakteriologie und Hygiene sowie dem Einfluss der bürgerlichen Frauenbewegung aus. Dies mündete 1907 in Preußen in die erste staatliche Regulierung, die eine einjährige Ausbildungszeit mit abschließender staatlicher Prüfung festlegte. Allerdings blieb die Berufsausübung nicht zwingend an dieses Examen gebunden, wodurch konfessionelle Schwesternschaften ihre Ausbildungshoheit weitgehend wahren konnten. Prägend für diese Phase war zudem die Dominanz der Ärzteschaft. Sie nahm nicht nur die Prüfungen ab, sondern definierte im amtlichen Lehrbuch von 1909 auch die Inhalte, um die Kompetenzgrenzen der Krankenpflege klar gegenüber der Medizin abzustecken und

---

[5] Vgl. SGB XI (2023): Soziale Pflegeversicherung – (Art. 1 des Gesetzes vom 26.05.1994, BGBl. I S. 1014), zuletzt geändert durch Gesetz vom 19.06.2023 (BGBl. 2023 I Nr. 155), § 19 Begriff der Pflegeperson.

[6] Vgl. Schwinger, A./ Kuhlmey, A./ Greß, S./ u. a. (Hrsg.) (2024): Pflege-Report 2024, Berlin, S. 144.

[7] Vgl. Hennes, H.-J./ Hoffmann, M./ Dintelmann, Y. u. a. (Hrsg.) (2023): Praxishandbuch Generalistik, Heidelberg, S. 28.

[8] Vgl. Kaufhold, M./ Knigge-Demal, B./ Makowsky, K. (Hrsg.) (2014): Akademisierung und Professionalisierung in den Gesundheitsberufen, Berlin/Münster, S. 35.

therapeutische Tätigkeiten auszuschließen. Diese Fremdbestimmung durch medizinische und kirchliche Akteure hemmte die eigenständige Professionalisierung der Pflege nachhaltig.[9]

Erst das Krankenpflegegesetz von 1957 schuf in der Bundesrepublik erste bundeseinheitliche Standards, die jedoch erst 1965 mit der Einführung der dreijährigen Berufsausbildung und 1985 mit einer umfassenden Novellierung qualitativ substanziell ausgebaut wurden. Im internationalen Vergleich hinkte die Verberuflichung der Pflege in Deutschland allerdings deutlich hinterher, da die Ausbildung lange Zeit qualitativ stagnierte und stark von der medizinischen Assistenz geprägt blieb.[10] Obwohl der chronische Personalmangel seit Mitte des Jahrhunderts stetig Diskussionen über eine Attraktivitätssteigerung durch Höherqualifizierung anstieß, kam es lange zu keinen grundlegenden Strukturreformen. Gebremst wurde die Weiterentwicklung durch eine heterogene Interessenlage. Während Vertreter der konfessionellen Krankenpflege ihr tradiertes Pflegeverständnis zu bewahren gedachten, stemmten sich die Gewerkschaften gegen höhere Zugangsvoraussetzungen, um untere Bildungsschichten nicht vom Pflegeberuf auszuschließen. Der Gesetzgeber verhielt sich in diesem Spannungsfeld passiv und zeigte wenig Initiative, die Ausbildungsstruktur in der Krankenpflege grundlegend zu verändern.[11]

Nennenswerte Unterschiede zeigten sich im ost- und westdeutschen Vergleich. Während die Entwicklung in der Bundesrepublik durch diese Vielzahl von Akteuren fragmentiert war, verlief die Professionalisierung in der Deutschen Demokratischen Republik (DDR) staatlich zentralisiert. Geprägt wurde das ostdeutsche Pflegewesen durch drei große Reformwellen (1950/51, Anfang der 1960er Jahre und 1974), welche eine einheitliche Strukturierung und akademische Anschlussfähigkeit des Berufsstandes forcierten.[12] Im Gegensatz zum westdeutschen Modell etablierte die DDR das *„Fachschulstudium"*, das eine stärkere medizinisch-wissenschaftliche Ausrichtung aufwies. Mit der Wiedervereinigung wurde dieser Professionalisierungsvorsprung des Ostens allerdings revidiert, da

[9] Vgl. Darmann-Finck, I./ Sahmel, K.-H. (Hrsg.) (2023): Pädagogik im Gesundheitswesen, Berlin, S. 81.

[10] Vgl. Breinbauer, M. (2020): Arbeitsbedingungen und Arbeitsbelastungen in der Pflege, Wiesbaden, S. 51.

[11] Vgl. Kreutzer, S./ Lange, J./ Nolte, K./ u. a. (Hrsg.) (2025): Lehrbuch Geschichte der Pflege, Berlin, S. 35–36.

[12] Vgl. Kreutzer, S./ Lange, J./ Nolte, K./ u. a. (Hrsg.) (2025): Lehrbuch Geschichte der Pflege, Berlin, S. 34–35.

das westdeutsche Ausbildungssystem flächendeckend auf die neuen Bundesländer übertragen wurde.[13]

Eine weitere, lange isolierte Entwicklungslinie bildete die psychiatrische Pflege, welche historisch aus der Tradition der *„Irrenpflege"* entstand. Hierbei stand weniger die medizinische Heilung als vielmehr die Verwahrung und Kontrolle bzw. *„Bewahrung"* im Mittelpunkt. In den Anstalten rekrutierte sich das Personal – abweichend von der somatischen Pflege – primär aus männlichen *„Wärtern"*. Deren Tätigkeit gründete kaum auf einer standardisierten Berufsausbildung, sondern war oft durch einen preußischen Beamtenstatus geprägt, der Disziplin und Ordnung über pflegefachliche Kompetenz stellte. Erste Professionalisierungsversuche durch das Krankenpflegegesetz von 1957, das die *„psychiatrische Pflege"* erstmals gesetzlich verankerte, stießen in der Praxis auf Widerstände, da das neu qualifizierte Personal oft mit einer Mehrheit skeptischer, ungelernter Hilfskräfte konfrontiert war.[14] Auch die qualitative Aufwertung durch die Novellierung von 1965, die die Ausbildung formal an das Niveau der somatischen Pflege angleichen sollte, konnte die strukturellen Defizite nur bedingt beheben. Das tatsächliche Ausmaß des Qualifikationsmangels legte erst die Psychiatrie-Enquete von 1975 offen. Da lediglich eine Minderheit des Personals (42 %) über eine abgeschlossene Berufsausbildung verfügte, forderte die Kommission eine radikale Neuorientierung hin zur Sozialpsychiatrie. Statt einer isolierten Grundausbildung sollte die psychiatrische Qualifizierung künftig als spezialisierte Fachweiterbildung auf dem Fundament der allgemeinen Krankenpflege aufbauen.[15] Doch trotz der gesetzlichen Integrationsbemühungen blieb eine faktische Sonderstellung gegenüber der somatischen Pflege bestehen. Diese strukturelle Randständigkeit teilte die Psychiatrie mit einem weiteren Spezialbereich, der ebenfalls über viele Jahrzehnte ein Schattendasein führte.

Parallel zur Krankenpflege entwickelte sich im Westen – anders als im zentralisierten Gesundheitssystem der DDR – strukturell weitgehend isoliert die Altenpflege. Hervorgegangen aus der Armen- und Siechenfürsorge, wurde diese

[13] Vgl. Krampe, E.-M. (2013): Krankenpflege im Professionalisierungsprozess, in: Die Hochschule: Journal für Wissenschaft und Bildung, 22 (2013) 1, S. 43–48.

[14] Vgl. Kreutzer, S./ Lange, J./ Nolte, K./ u. a. (Hrsg.) (2025): Lehrbuch Geschichte der Pflege, Berlin, S. 100–101.

[15] Vgl. Kreutzer, S./ Lange, J./ Nolte, K./ u. a. (Hrsg.) (2025): Lehrbuch Geschichte der Pflege, Berlin, S. 102–106.

bis in die 1950er Jahre primär von Ordensschwestern ohne spezifische Fachausbildung geleistet.[16] Erst die demografische Entwicklung der Nachkriegszeit und die Zunahme chronisch kranker alter Menschen erforderten eine fachliche Neuausrichtung. Da die Krankenpflegegesetze den Bereich der Langzeitpflege ausklammerten, emanzipierte sich die Altenpflege zwangsläufig als autonome Disziplin.[17] Beginnend mit den ersten Lehrgängen Ende der 1950er Jahre etablierte sich ein Ausbildungszweig, der hingegen bis zur Jahrtausendwende durch starke Fragmentierung gekennzeichnet war. Bis zum Inkrafttreten des bundeseinheitlichen AltPflG existierten in den Bundesländern insgesamt 17 verschiedene Ausbildungskonzeptionen, die eine Vergleichbarkeit der Ausbildungsstandards und Berufsabschlüsse faktisch verunmöglichten. Dies führte u. a. dazu, dass die Anerkennung der Qualifikation über Landesgrenzen hinweg oft mit erheblichen Hürden verbunden war.[18]

Eine Zuspitzung der Gemengelage brachte der 1988 ausgerufene *„Pflegenotstand"*, welcher die strukturellen Defizite – hohe Arbeitsverdichtung bei unzureichender Qualifizierung und Vergütung – offenlegte.[19] International geriet das deutsche Ausbildungssystem zunehmend in Rechtfertigungsnot. Zwar entsprach die klassische Krankenpflegeausbildung seit der Novellierung von 1985 weitgehend den europäischen Mindeststandards und war somit anerkennungsfähig. Doch manifestierte sich durch das Festhalten an den isolierten Spezialberufen eine gravierende Systemdivergenz. Während die EU-Richtlinien konsequent ein generalistisches Verständnis favorisierten, zementierte Deutschland seinen *„Sonderweg"*, denn die spezialisierten Ausbildungen in der Alten- und Kinderkrankenpflege blieben von der automatisierten EU-weiten Anerkennung ausgeschlossen und führten somit ein europäisches Nischendasein.[20]

---

[16] Vgl. Riedel, A. (2007): Professionelle Pflege alter Menschen, Heidelberg, S. 37, S. 44; Vgl. Breinbauer, M. (2020): Arbeitsbedingungen und Arbeitsbelastungen in der Pflege, Wiesbaden, S. 52.

[17] Vgl. Kriesten, M. (2016): Altenpflegeausbildung in Deutschland, Halle (Saale), S. 35.

[18] Vgl. Riedel, A. (2007): Professionelle Pflege alter Menschen, Heidelberg, S. 174.

[19] Vgl. Breinbauer, M. (2020): Arbeitsbedingungen und Arbeitsbelastungen in der Pflege, Wiesbaden, S. 52.

[20] Vgl. Kreutzer, S./ Lange, J./ Nolte, K./ u. a. (Hrsg.) (2025): Lehrbuch Geschichte der Pflege, Berlin, S. 62–63.

2.3 Ausbildungsstruktur vor dem Pflegeberufegesetz

Wie aus Abschnitt 2.2 hervorgeht, war die rechtliche und strukturelle Verfasstheit der Pflegeausbildung bis zum Inkrafttreten der Reform 2020 durch ein historisch gewachsenes, binäres System gekennzeichnet, das in Europa ein Unikum darstellte. Maßgeblich geregelt wurde diese Qualifizierungsstruktur durch zwei getrennte Bundesgesetze: das KrPflG in der Novellierung von 2003 (in Kraft getreten am 01.01.2004) und das AltPflG, welches nach jahrelangem föderalem Kompetenzstreit zum 01.08.2003 erstmals bundeseinheitlich wirksam wurde.[21] Das KrPflG deckte dabei zwei Berufsabschlüsse ab: die *„Gesundheits- und Krankenpflege"* sowie die *„Gesundheits- und Kinderkrankenpflege"*. Integriert war ferner die psychiatrische Pflege als obligatorischer Lernbereich.

Über die reine Versorgungslogik hinaus manifestierte sich die gesetzliche Zweigliedrigkeit in einer komplexen Kompetenzverteilung zwischen Bund und Ländern. Während die Krankenpflegeausbildung traditionell in der Gesetzgebungskompetenz des Bundes lag (Art. 74 Abs. 1 Nr. 19 Grundgesetz), war die Altenpflege lange Zeit weitgehend Ländersache.[22] Dies führte zu einem *„Flickenteppich"* zahlreicher landesrechtlicher Regelungen, die hinsichtlich Zugangsvoraussetzungen, Dauer und inhaltlicher Qualität stark divergierten, was u. a. der bundesweiten Mobilität der Fachkräfte nicht zuträglich war.[23] Erst das wegweisende Urteil des Bundesverfassungsgerichts vom 24.10.2002 bestätigte die konkurrierende Gesetzgebungskompetenz des Bundes auch für die Altenpflege, was den Weg für das AltPflG ebnete.[24] Dennoch blieben die organisatorische Hoheit und die Finanzierungsgestaltung auch unter dem neuen Bundesgesetz in erheblichem Maße in der Verantwortung der einzelnen Länder. Anders als im Krankenhaussetting fehlte in der Altenpflege eine bundeseinheitliche Finanzierungssystematik. Zwar enthielt § 25 AltPflG eine Regelung zur Refinanzierung, diese war jedoch als bloße Verordnungsermächtigung ausgestaltet, die die Entscheidung über Umlageverfahren explizit in die Hände der Landesregierungen legte. Auch die organisatorische Durchführung oblag gemäß § 26

[21] Vgl. Weiß, T./ Meißner, T./ Kempa, S. (2018): Das Pflegeberufereformgesetz (PflBRefG), Wiesbaden, S. 77, S. 79.

[22] Vgl. Weiß, T./ Meißner, T./ Kempa, S. (2018): Das Pflegeberufereformgesetz (PflBRefG), Wiesbaden, S. 78.

[23] Vgl. Riedel, A. (2007): Professionelle Pflege alter Menschen, Heidelberg, S. 174–175.

[24] Vgl. Weiß, T./ Meißner, T./ Kempa, S. (2018): Das Pflegeberufereformgesetz (PflBRefG), Wiesbaden, S. 79.

Abs. 3 AltPflG vollständig den landesrechtlichen Bestimmungen, was die föderale Fragmentierung der Ausbildungslandschaft faktisch zementierte.[25]

Inhaltlich und strukturell folgten die beiden Berufsausbildungen unterschiedlichen Paradigmen, die zwar den spezifischen demografischen Anforderungen Rechnung trugen, aber zugleich die Durchlässigkeit des Systems blockierten.

Die Ausbildung nach dem KrPflG orientierte sich – sowohl in der Erwachsenen- als auch in der Kinderkrankenpflege – vornehmlich an der somatisch-kurativen Versorgung im klinischen Kontext. Ausbildungsstätten waren staatlich anerkannte Schulen für Gesundheits- und Krankenpflege, die in der Regel organisatorisch und räumlich direkt an Krankenhäuser angebunden waren. Diese enge Kopplung sicherte den Kliniken den Zugriff auf Nachwuchskräfte, festigte aber auch die Hoheit der Krankenhausträger über die Ausbildungskapazitäten und die praktische Einsatzplanung. Die Finanzierung erfolgte dabei für beide Zweige solidarisch über das KHG, was eine relativ stabile Ressourcengrundlage garantierte.[26]

Demgegenüber stand die Altenpflegeausbildung, die sich als Antwort auf die demografische Entwicklung und die Zunahme chronisch-degenerativer Erkrankungen – vor allem Demenz – emanzipiert hatte. Ihr Curriculum legte einen deutlich stärkeren Schwerpunkt auf die psychosoziale Begleitung, die Langzeitbetreuung und die Gestaltung von Lebenswelten (zumeist) alter Menschen – Kompetenzen, die in der akutmedizinisch geprägten Krankenpflege oftmals zu kurz kamen.[27] Strukturell war dieser Ausbildungszweig getrennt organisiert, denn die schulische Ausbildung fand an Altenpflegeschulen statt, die oft in privater oder freigemeinnütziger Trägerschaft standen und räumlich meist unabhängig von den ambulanten und stationären Pflegeeinrichtungen agierten. Anders als in der Krankenpflege war die Ausbildung zudem vielerorts mit der monatlichen Zahlung von Schulgeld verbunden.[28] Hinzu kam eine generelle Schlechterstellung der Altenpflege hinsichtlich des gesellschaftlichen Status und der Vergütung im

---

[25] § 25 beinhaltete die Ermächtigung zum Erlass von Rechtsverordnungen und § 26 die Regelung über Zuständigkeiten. Durch das Inkrafttreten des PflBG zum 01.01.2020 verlor das AltPflG seine Gültigkeit, Vgl. AltPflG in der Fassung der Bekanntmachung vom 25.08.2003 (BGBl. I S. 1690), zuletzt geändert durch Art. 15 des PflBRefG vom 17.07.2017 (BGBl. I S. 2581).

[26] Vgl. Weiß, T./ Meißner, T./ Kempa, S. (2018): Das Pflegeberufereformgesetz (PflBRefG), Wiesbaden, S. 198, S. 308.

[27] Vgl. Kultusministerium des Landes Sachsen-Anhalt (2005): Rahmenrichtlinien Berufsfachschule Altenpflege, Magdeburg, S. 12; Vgl. Darmann-Finck, I./ Sahmel, K.-H. (Hrsg.) (2023): Pädagogik im Gesundheitswesen, Berlin, S. 60.

[28] Die bundeseinheitliche Abschaffung des Schulgeldes erfolgte mit Einführung des PflBG. Einige Bundesländer kamen dieser Regelung zuvor. So schaffte Sachsen-Anhalt bspw.

Vergleich zur Krankenpflege, was die Attraktivität dieses Berufsfeldes erheblich minimierte. Darüber hinaus manifestierte sich die Trennung in einer einseitigen beruflichen Durchlässigkeit. Während examinierten Krankenpflegern die Befugnis zukam, auch in der Altenpflege tätig zu sein, blieb Altenpflegern der Zugang zum Akutpflegesetting aufgrund fehlender formaler Qualifikationen verwehrt.[29] Diese formale Asymmetrie korrespondierte mit fachlichen Lücken auf beiden Seiten: Absolventen der Altenpflege waren in der Akutklinik praktisch kaum einsetzbar, während Krankenpfleger oft Defizite in der gerontopsychiatrischen Langzeitversorgung aufwiesen. Erschwerend kam hinzu, dass sowohl im AltPflG als auch im KrPflG eine klare Definition von Vorbehaltsaufgaben fehlte, die pflegerisches Handeln exklusiv der Profession zugewiesen hätten, was die berufliche Autonomie gegenüber der Ärzteschaft schwächte.

Ungeachtet dieser strukturellen und hierarchischen Differenzen sahen sich beide Berufsfelder letztlich mit identischen Herausforderungen konfrontiert. Die dringende Notwendigkeit, Arbeitsbedingungen zu verbessern, Vergütungsstrukturen anzugleichen und das gesellschaftliche Ansehen durch höhere Qualifizierung zu steigern, bildete schließlich den gemeinsamen berufspolitischen Konsens, der eine grundlegende Neuordnung aus Sicht des Gesetzgebers unumgänglich machte.[30]

2.4 Novellierung der Pflegefachausbildung

Mit dem Inkrafttreten des PflBG zum 01.01.2020 vollzog die Bundesrepublik Deutschland einen historischen Paradigmenwechsel, der die berufliche Qualifizierung von Fachkräften in der Pflege grundlegend neu ordnete. Auf Basis des PflBRefG beendete das neue Gesetz die bis dahin geltende Fragmentierung durch das AltPflG und das KrPflG und führte die beiden Berufsausbildungszweige in einer neuen, generalistischen Struktur zusammen.[31]

---

das Schulgeld mit Beginn des Ausbildungsjahres 2018/2019 ab, Vgl. Millich, N. (2018): Sachsen-Anhalt schafft Schulgeld ab, in BibliomedPflege, News vom 28.03.2018, Melsungen.

[29] Vgl. Breinbauer, M. (2020): Arbeitsbedingungen und Arbeitsbelastungen in der Pflege, Wiesbaden, S. 54.

[30] Vgl. Breinbauer, M. (2020): Arbeitsbedingungen und Arbeitsbelastungen in der Pflege, Wiesbaden, S. 54.

[31] Vgl. Weiß, T./ Meißner, T./ Kempa, S. (2018): Das Pflegeberufereformgesetz (PflBRefG), Wiesbaden, S. 89.

Diese fundamentale Reform war jedoch kein kurzfristiges politisches Projekt, sondern vielmehr das Ergebnis eines jahrzehntelangen Pflegebildungsdiskurses. Bereits in den 1970er Jahren wurde die Zusammenführung der Pflegeberufe unter dem Stichwort *„Generalistik"* diskutiert.[32] Dennoch scheiterte eine Einführung lange an den widerstreitenden Interessen der verschiedenen Akteure im Gesundheitswesen. Erst im Jahr 2009 einigten sich die Bundesländer auf eine Fusionierung der Kranken- und Altenpflegeausbildung im Rahmen der Gesundheitsminister- und Arbeits- und Sozialministerkonferenz. Infolgedessen wurde die Bund-Länder-Arbeitsgruppe *„Weiterentwicklung der Pflegeberufe"* eingerichtet, welche am 01.03.2012 ein entsprechendes Eckpunktepapier zur Vorbereitung eines Gesetzgebungsverfahrens vorlegte.[33] Auf Basis dieser Empfehlungen verfestigte sich im (berufs-) politischen Diskurs zunehmend das Narrativ der Alternativlosigkeit. Eine bloße Modernisierung oder getrennte Fortführung der bisherigen Ausbildungssysteme wurde zugunsten der Systemeinheit nicht ernsthaft in Erwägung gezogen, da das generalistische Modell als einzig tragfähige Antwort auf die demografischen Herausforderungen und die veränderten Versorgungsbedarfe galt.[34]

Verstärkt wurde dieser Reformdruck durch die zwingenden europarechtlichen Rahmenbedingungen. Denn spätestens mit der Modernisierung der EU-Berufsanerkennungsrichtlinie 2013/55/EU[35] geriet der deutsche *„Sonderweg"* der spezialisierten Altenpflegeausbildung in eine Sackgasse. In Anbetracht dessen, dass dieser Berufsabschluss die Kriterien für die automatische Anerkennung im europäischen Binnenmarkt nicht erfüllte, drohte deutschen Fachkräften eine faktische Immobilität und Dequalifizierung im Vergleich zur ihren europäischen Kollegen. Die Einführung der Generalistik diente somit nicht nur der innerstaatlichen Versorgungsoptimierung, sondern war die notwendige Voraussetzung, um die EU-Konformität und internationale Anschlussfähigkeit des deutschen

[32] Vgl. Hamar, C./ Kuckeland, H./ Schneider, K. (2019): Veränderungsprozesse an Pflegeschulen, in: PADUA Fachzeitschrift für Pflegepädagogik, Patientenedukation und -bildung, Jg. 14, Heft 3, Bern, S. 143.

[33] Vgl. Kriesten, M. (2016): Altenpflegeausbildung in Deutschland, Halle (Saale), S. 17.

[34] Vgl. Weidner, F. (2014): Generalistische Pflegeausbildung Pro: „Jetzt wächst zusammen, was zusammengehört", in: Dr. med. Mabuse Zeitschrift für alle Gesundheitsberufe, 39 Jg., Nr. 211, Frankfurt am Main, S. 14–15.

[35] Diese Berufsanerkennungsrichtlinie stellte eine Änderung zur EU-Anerkennungsrichtlinie 2005/36/EU dar und ging u. a. mit der Einführung des Europäischen Berufsausweises (EBA) zur Beschleunigung von Anerkennungsverfahren einher, Vgl. Bundesinstitut für Berufsbildung (Hrsg.) (o. J.): EU-richtlinie zur Berufsanerkennung.

Pflegeausbildungssystems zu sichern.[36] Diese Einschätzung hat auch nach der Reformumsetzung in der Berufspolitik Bestand. So bekräftigte Christine Vogler, Präsidentin des Deutschen Pflegerats (DPR), dass es zur Generalistik *„gar keine Alternative"* gegeben habe. Sie begründete dies explizit mit der drohenden internationalen Isolation des alten Systems. Deutschland habe mit der getrennten Ausbildung in Europa allein dagestanden und sei zunehmend *„abgehängt"* gewesen, weshalb die Reform zwingend notwendig war, um die europäische Anschlussfähigkeit wiederherzustellen.[37]

2.4.1 Motivation, Ziele und Anspruch

Mithilfe einer grundlegenden Neuordnung des Ausbildungssystems reagierte der Gesetzgeber auf die Diskrepanz zwischen den veralteten Berufsgesetzen und den dynamischen Anforderungen der Versorgungspraxis. Er und die beteiligten Akteure verfolgten damit ein Bündel an qualitativen und quantitativen Zielen, die sich unter den Schlagworten Modernisierung, Attraktivitätssteigerung und Versorgungssicherheit subsumieren lassen.

Primäres Ziel war die Anpassung der Ausbildungsinhalte an die veränderten Versorgungsbedarfe einer alternden, zunehmend multimorbiden Gesellschaft.[38] Evaluationen der bisherigen Ausbildungsstrukturen hatten deutliche Defizite offengelegt. Neben der inhaltlichen Fragmentierung wurden insbesondere die Abbruchquoten in den inzwischen veralteten Ausbildungszweigen als Indikator für strukturelle Mängel identifiziert. So wird im Rahmen einer Bremer Evaluationsstudie zur generalistischen Pflegeausbildung folgendes konstatiert: *„Die bisherigen Ausbildungen waren durch Abbruchquoten gekennzeichnet, die zwischen ca. 20 und 30 Prozent schwankten. Diese Abbruchquoten sind für eine Branche, in der sich der Fachkräftemangel seit Jahren verschärft, als zu hoch anzusehen."*[39] Das PflBG zielt daher auf eine Verbesserung der Ausbildungs- und Arbeitsqualität ab,

---

[36] Vgl. Hennes, H.-J./ Hoffmann, M./ Dintelmann, Y. u. a. (Hrsg.) (2023): Praxishandbuch Generalistik, Heidelberg, S. 28–29.

[37] Vgl. Bundesärztekammer (Arbeitsgemeinschaft der deutschen Ärztekammern)/ KBV (2023): Pflegepräsidentin bewertet Ausbildungsreform als alternativlos, in: Deutsches Ärzteblatt online.

[38] Vgl. Deutscher Verein für öffentliche und private Fürsorge e. V. (Hrsg.) (2022): Fachkräftesicherung in Pflege und Sozialer Arbeit, Berlin, S. 51.

[39] Bleses, P./ Busse, B./ Zens, C. (2025): Die neue generalistische Pflegeausbildung in Bremen: Gute Ausbildungsqualität – Ergebnisse einer Evaluationsstudie, Reihe Arbeit und Wirtschaft: Bremen Nr. 49, 01/2025, Bremen, S. 2.

indem es eine breite berufliche Grundlage schafft, die Pflegefachpersonen auf ein lebenslanges Lernen vorbereitet und Spezialisierungen ermöglicht.[40] Dabei steht der Anspruch im Fokus, pädagogisch, pflegerisch und betreuerisch auf einem Niveau zu arbeiten, das empathisches Handeln mit wissenschaftlicher Fundierung verknüpft.[41]

Ferner wurde die generalistische Pflegeausbildung als zentrales Instrument der Fachkräftesicherung konzipiert. So wurde durch die Politik das ambitionierte Ziel formuliert, mittels Generalistik neue Zielgruppen zu erschließen. Hierzu zählen nicht nur junge Schulabgänger, sondern explizit auch Quereinsteiger und Menschen mit Migrationshintergrund, für die die Arbeit im Gesundheitswesen durch eine kompetenzorientierte Ausbildungsstrategie attraktiver gestaltet werden soll. Auch für formal unqualifizierte – in der Pflege synonym oft auch *„un- bzw. angelernte"* – Hilfskräfte wurden durch vereinfachte Möglichkeiten zur Nachqualifizierung neue Wege in die Fachausbildung eröffnet.[42] Flankiert wurde die Ausbildungsreform durch die *„Konzertierte Aktion Pflege" (KAP)* und die *„Ausbildungsoffensive Pflege (2019–2023)"*, welche das Leitziel proklamierten, die Zahl der Ausbildungsplätze und der ausbildenden Einrichtungen um 10 % zu steigern.[43] Um die höchstmögliche Zahl an Absolventen sicherzustellen, sollten ergänzend präventive Maßnahmen zur Vermeidung von Ausbildungsabbrüchen bereits vor dem eigentlichen Ausbildungsbeginn greifen. Durch eine gezielte Berufsorientierung sowie Schnuppertage, Praktika und individuelle Begleitung sollte ein realistisches Bild des Berufsfeldes vermittelt werden, um falsche Erwartungen und frühzeitigen Enttäuschungen entgegenzuwirken.[44] Obgleich die Pflegeberufe bereits zu den am stärksten besetzten Ausbildungsberufen gehören, reichen die Absolventenzahlen zur Bedarfsdeckung nicht aus.[45] Aufgrund dessen wurden Kampagnen wie bspw. *„Mach Karriere als Mensch"* oder *„Pflege kann*

---

[40] Vgl. Weiß, T./ Meißner, T./ Kempa, S. (2018): Das Pflegeberufereformgesetz (PflBRefG), Wiesbaden, S. 86–87.

[41] Vgl. Deutscher Verein für öffentliche und private Fürsorge e. V. (Hrsg.) (2022): Fachkräftesicherung in Pflege und Sozialer Arbeit, Berlin, S. 30.

[42] Vgl. Deutscher Verein für öffentliche und private Fürsorge e. V. (Hrsg.) (2022): Fachkräftesicherung in Pflege und Sozialer Arbeit, Berlin, S. 49.

[43] Vgl. BMFSFJ (2024): Ausbildungsoffensive Pflege (2019–2023), Abschlussbericht, Berlin, S. 30, S. 113.

[44] Vgl. BMG/ BMFSFJ/ BMAS (Hrsg.) (2021): Konzertierte Aktion Pflege – Zweiter Bericht zum Stand der Umsetzung der Vereinbarungen der Arbeitsgruppen 1 bis 5, Berlin, S. 28–29.

[45] Vgl. Lücke, S. (2026): Pflegeausbildung: Angebot übersteigt Nachfrage, in: Bibliomed News vom 16.01.2026, Melsungen.

was" initiiert, um das Berufsbild mit positiven Assoziationen zu besetzen und dem negativen Image entgegenzuwirken.[46]

Ein weiterer Anreiz sollte in der Flexibilisierung der Einsatzmöglichkeiten liegen. Die Reform bricht die Sektorengrenzen der vorherigen Ausbildungen auf und ermöglicht Absolventen eine vielfältige berufsbiografische Entwicklung. Durch die breitere Ausrichtung sollen die fortan ausgebildeten Pflegefachpersonen befähigt werden, flexibel zwischen verschiedenen Versorgungssettings (Akutpflege/ Kinderpflege, psychiatrische Pflege, ambulante Intensivpflege, ambulante und (teil)stationäre Langzeitpflege) zu wechseln, was nicht nur deren individuellen Karrierewege fördern, sondern auch die Berufszufriedenheit und die Motivation zum Berufsverbleib steigern soll.[47] Zudem sichert die Orientierung an internationalen Standards die Mobilität der Pflegefachpersonen im europäischen Kontext, weil die generalistische Pflegeausbildung die Anforderungen der EU-Berufsanerkennungsrichtlinie erfüllt.[48] Über die individuellen Ziele hinaus betont die Pflegeberufereform den gesamtgesellschaftlichen Auftrag der Daseinsfürsorge.[49] Dieser Auftrag korrespondiert mit dem Anspruch einer umfassenden Professionalisierung des Berufsstandes. Denn wie in den beiden vorherigen Kapiteln erörtert, war es der Profession Pflege bis dahin kaum gelungen, eine berufliche Autonomie zu erlangen, die sie grundlegend von den Aufgaben der ärztlichen Assistenz emanzipierte und eine eigene Profilentwicklung zuließ.[50] Vor diesem Hintergrund verfolgte der Gesetzgeber mit dem PflBG das erklärte Ziel, das Berufsbild aufzuwerten und das Fundament für eine Etablierung der Pflege als eigenständigem Heilberuf mit selbstständigem Verantwortungs- und Aufgabenbereich zu legen.[51] Wie dieser hohe Anspruch an Kompetenzerweiterung und Professionalisierung in die konkrete Ausbildungsarchitektur übersetzt wurde, ist Gegenstand der folgenden Betrachtung.

---

[46] Vgl. Reiber, K./ Mohr, J./ Evans-Borchers, M./ u. a. (Hrsg.) (2024): Fachkräftesicherung, Versorgungsqualität und Karrieren in der Pflege, Bielefeld, S. 79–80.

[47] Vgl. Reiber, K./ Mohr, J./ Evans-Borchers, M./ u. a. (Hrsg.) (2024): Fachkräftesicherung, Versorgungsqualität und Karrieren in der Pflege, Bielefeld, S. 103, S. 196.

[48] Vgl. Kriesten, M. (2016): Altenpflegeausbildung in Deutschland, Halle (Saale), S. 18.

[49] Vgl. Deutscher Verein für öffentliche und private Fürsorge e. V. (Hrsg.) (2022): Fachkräftesicherung in Pflege und Sozialer Arbeit, Berlin, S. 47.

[50] Vgl. Schwinger, A./ Kuhlmey, A./ Greß, S./ u. a. (Hrsg.) (2024): Pflege-Report 2024, Berlin, S. 143.

[51] Vgl. Olden, D./ Großmann, D./ Dorin, L./ u. a. (2023): Die generalistische Pflegeausbildung in Deutschland aus Sicht Auszubildender, in: Pflege – Die wissenschaftliche Zeitschrift für pflegeberufe, Jg. 36, Heft 5, 10/2023, Bern, S. 249–250.

2.4.2 Strukturelle Unterschiede zum Alten- und Krankenpflegegesetz

Mit Einführung des PflBG findet die in den vorangegangenen Kapiteln dargelegte Zweigliedrigkeit der Pflegeberufsausbildungen ihr strukturelles Ende. Der Gesetzgeber vollzieht hierbei den entscheidenden Schritt von der strikten Sektorentrennung – manifestiert in den unterschiedlichen Versorgungslogiken des SGB V und SGB XI – hin zu einem integrativen generalistischen Ansatz, welcher die bisherigen Berufsgrenzen zugunsten einer universellen beruflichen Handlungskompetenz auflöst.[52] Ein wesentlicher Unterschied zum vorherigen Rechtsrahmen besteht in der Vereinheitlichung der Kompetenzen. Waren die Pflegefachausbildungen zuvor in zwei voneinander getrennten Bundesgesetzen – AltPflG und KrPflG – geregelt, wobei die Altenpflege in der Durchführung stark föderal fragmentiert war, bündelt das PflBG nun beide unter einem einzigen Bundesgesetz. Wenngleich die Aufsicht über die Pflegeschulen weiterhin in der Hoheit der Länder verbleibt, wurde mit der Fachkommission nach § 53 PflBG zum ersten Mal ein bundesweit agierendes Gremium eingesetzt, welches für die Entwicklung verbindlicher Rahmenlehr- und Rahmenausbildungspläne zuständig ist.[53] Dies soll der zuvor kritisierten Heterogenität der landesrechtlichen Regelungen entgegenwirken und eine bundesweit einheitliche Ausbildungsqualität gewährleisten. Dennoch bleibt auch die generalistische Pflegeausbildung – wie bereits die beiden zuvor geltenden Berufsgesetze – weiterhin außerhalb des BBiG verortet, was ihre Sonderstellung als schulisch verantwortete, aber dual strukturierte Ausbildung untermauert.[54] Hierbei ist zu konstatieren, dass der Vollzug des PflBG trotz bundesweiter Standardisierung in der Hoheit der Länder verbleibt. In Sachsen-Anhalt weist die PflBGZustVO die Verantwortlichkeiten einer dualen Struktur zu. Während das Landesverwaltungsamt für die berufsrechtliche Zulassung und Anerkennungsverfahren zuständig ist – beaufsichtigt vom Ministerium für Gesundheit und Soziales – (§ 1 PflBGZustVO), obliegt die Regelung des theoretischen und praktischen Unterrichts dem Landesschulamt unter der Fachaufsicht des Bildungsministeriums (§ 2 PflBGZustVO). Diese administrative Trennung

[52] Vgl. Weiß, T./ Meißner, T./ Kempa, S. (2018): Das Pflegeberufereformgesetz (PflBRefG), Wiesbaden, S. 89.

[53] Vgl. Deutscher Verein für öffentliche und private Fürsorge e. V. (Hrsg.) (2022): Fachkräftesicherung in Pflege und Sozialer Arbeit, Berlin, S. 22.

[54] Vgl. Deutscher Verein für öffentliche und private Fürsorge e. V. (Hrsg.) (2022): Fachkräftesicherung in Pflege und Sozialer Arbeit, Berlin, S. 22.

spiegelt die institutionelle Verortung der Ausbildung im Spannungsfeld zwischen Gesundheits- und Bildungswesen wider.[55]

Gemäß § 6 PflBG umfasst die Berufsausbildung in Vollzeit weiterhin drei Jahre (in Teilzeit höchstens fünf Jahre) mit einem Gesamtumfang von 4.600 Stunden. Neu strukturiert ist allerdings die Aufteilung und Ausrichtung der Praxiseinsätze. Von den 2.500 Stunden praktischer Ausbildung entfallen nunmehr verbindliche Pflichteinsätze auf alle relevanten Versorgungsbereiche. Eine detaillierte Betrachtung der Ausbildungsstruktur offenbart hierbei die massive Zunahme der organisatorischen Komplexität. Wie aus Abbildung 2.1 deutlich wird, verorteten die Vorgängergesetze die praktische Ausbildung vorrangig in der Stammeinrichtung mit lediglich punktuell vorgeschriebenen Fremdeinsätzen. Demgegenüber zwingt das PflBG die Träger nun in ein rigides Rotationssystem. Die PflAPrV teilt die Praxiszeit in Pflichteinsätze in der Akutpflege, der stationären Langzeitpflege, der ambulanten Pflege sowie der Pädiatrie und Psychiatrie, welche von jedem Auszubildenden, unabhängig vom angestrebten Vertiefungsschwerpunkt, als zwingende Voraussetzung lückenlos absolviert werden müssen, um die vom Gesetzgeber intendierte Breite der generalistischen Handlungskompetenz über alle Versorgungsbereiche hinweg vollumfänglich abzubilden.[56]

Diese Segmentierung der Praxisphasen führt dazu, dass Auszubildende in den ersten zwei Jahren kaum noch kontinuierlich in ihrem Ausbildungsbetrieb anwesend sind, was die Bindung an die Pflegeorganisation und die Integration in das Team erschwert.[57] Ein Novum stellt hierbei der deutlich erhöhte Organisationsaufwand dar. Denn die Pflegeschule trägt nun die Gesamtverantwortung für die Koordination der Praxiseinsätze, während der Träger der praktischen Ausbildung gezwungen ist, durch Kooperationsverträge mit anderen Versorgungseinrichtungen die Durchführung aller Pflichteinsätze sicherzustellen (§ 6 Abs. 4 PflBG).[58] Eine Besonderheit des neuen Systems ist zudem das Wahlrecht der Auszubildenden nach § 59 PflBG, das nach zweijähriger generalistischer

[55] Vgl. Landesregierung Sachsen-Anhalt (2019): Verordnung über Zuständigkeiten nach dem Pflegeberufegesetz (Pflegeberufezuständigkeitsverordnung – PflBGZustVO) vom 28.05.2019, in: Gesetz- und Verordnungsblatt für das Land Sachsen-Anhalt (GVBl. LSA) Nr. 13/2019, Magdeburg, S. 110.

[56] Vgl. BMJV/ BfJ (2018): Ausbildungs- und Prüfungsverordnung (PflAPrV), Anlage 7, Stundenverteilung im Rahmen der praktischen Ausbildung der beruflichen Pflegeausbildung, (BGBl. I S. 1572, Nr. 34), zuletzt geändert am 22.12.2025 (BGBl. 2025 I Nr. 371).

[57] Vgl. Hennes, H.-J./ Hoffmann, M./ Dintelmann, Y. u. a. (Hrsg.) (2023): Praxishandbuch Generalistik, Heidelberg, S. 30.

[58] Vgl. Hennes, H.-J./ Hoffmann, M./ Dintelmann, Y. u. a. (Hrsg.) (2023): Praxishandbuch Generalistik, Heidelberg, S. 143.

Rechtsgrundlage	Gesamtstunden Praxiseinsätze	Vorgabe für Stammeinrichtung	Fremdeinsätze/Rotationspflicht
AltPflG	2.500 h	mindestens 2.000 h (§ 1 Abs. 2 AltPflAPrV)	maximal 500 h für Fremdeinsätze (z. B. Akutpflege, Psychiatrie)
KrPflG	2.500 h	mindestens 1.300 h (Anlage 1 zu § 1 Abs. 1 KrPflAPrV)	maximal 1.200 h für Fachgebiete, die oft innerhalb der Stammeinrichtung abgedeckt werden (z. B. Innere Medizin, Psychiatrie, Kinderkrankenpflege)
PflBG	2.500 h	900 h (Orientierungseinsatz 400 h, Vertiefungseinsatz 500 h*; Anlage 7 zu § 1 Abs. 2 Nr. 2, § 26 Abs. 2 Satz 1, § 28 Abs. 2 Satz 1 PflAPrV)	Akutpflege 400 h, stationäre Langezeitpflege 400 h, ambulante Pflege 400 h, Pädiatrie 60 bis 120 h, Psychiatrie 120 h, freie Verteilung 160 h

*Der Vertiefungseinsatz findet in der Regel beim praktischen Träger statt, sofern dieser den gewählten Schwerpunkt anbietet.

Abbildung 2.1 Praxiseinsätze nach Stundenumfängen. (**Quelle:** eigene Darstellung auf Grundlage der in der Abbildung genannten Rechtsgrundlagen)

Phase die Möglichkeit bietet, die Ausbildung generalistisch fortzusetzen (mit Abschluss zum *„Pflegefachmann“* bzw. zur *„Pflegefachfrau“*) oder einen gesonderten Abschluss in der Altenpflege oder Gesundheits- und Kinderkrankenpflege zu wählen. Ein gesonderter Abschluss in der Gesundheits- und Krankenpflege ist hingegen nicht mehr vorgesehen.[59]

Noch gravierender für die Ressourcenplanung der Pflege- bzw. Versorgungseinrichtungen ist die Neuregelung der Praxisanleitung. Denn während das KrPflG (§ 2 Abs. 2 KrPflAPrV) und das AltPflG (§ 2 Abs. 2 AltPflAPrV) lediglich vage forderten, die Anleitung der Auszubildenden *„sicherzustellen“*, normiert § 4 Abs. 1 PflAPrV nun erstmals bundesweit eine stringente Quote: Die Praxisanleitung muss im Umfang von mindestens 10 % der während eines Einsatzes zu leistenden praktischen Ausbildungszeit erfolgen. Überdies haben Lehrkräfte der Pflegeschulen gemäß § 5 PflAPrV je Orientierungseinsatz, Pflichteinsatz und Vertiefungseinsatz mindestens einen Besuch in der jeweiligen Einrichtung durchzuführen, was folglich von den praktischen Trägern zu berücksichtigen ist (§ 6 Abs. 3, § 8 Abs. 3 Nr. 2 PflBG). Erschwerend kommt hinzu, dass die Qualifikationsanforderungen an die Praxisanleiter laut § 4 PflAPrV auf

[59] Vgl. Reiber, K./ Mohr, J./ Evans-Borchers, M./ u. a. (Hrsg.) (2024): Fachkräftesicherung, Versorgungsqualität und Karrieren in der Pflege, Bielefeld, S. 245.

nunmehr 300 Stunden berufspädagogische Zusatzqualifikation und 24 Stunden jährliche Fortbildungen („*Refresher-Kurse*") ausgebaut wurden. Im Vergleich zu den vormals geforderten 200 Stunden in der Krankenpflegeausbildung oder den teils noch geringeren landesrechtlichen Vorgaben in der Altenpflege verknappt dies die Verfügbarkeit des Schlüsselpersonals weiter. In Sachsen-Anhalt werden diese Anforderungen durch die PflEignVO LSA erweitert. So muss in den Einrichtungen prinzipiell ein Verhältnis von Auszubildenden zu Fachkräften von 1:2 sichergestellt sein. Zudem darf ein nicht freigestellter Praxisanleiter maximal drei Ausbildende pro Woche betreuen, was die Aufnahmekapazität vieler Versorgungseinrichtungen faktisch limitiert.[60] Personen, die zum 31.12.2019 nachweislich über eine Qualifikation zur Praxisanleitung verfügten, wurden der neuen berufspädagogischen Zusatzqualifikation gleichgestellt (§ 4 PflAPrV).

Den wohl tiefgreifendsten Wandel vollzieht die Ausbildungsreform auf didaktischer Ebene. Waren die bisherigen Ausbildungen (insbesondere nach KrPflG) noch sehr fächerorientiert und an medizinischen Disziplinen (z. B. Anatomie und Krankheitslehre) ausgerichtet, folgt die Generalistik konsequent dem Prinzip der Kompetenzorientierung. Basis hierfür sind die fünf Kompetenzbereiche der Anlage 1 und 2 der PflAPrV. Das Lernen erfolgt demnach nicht mehr additiv anhand von Wissensbeständen, sondern exemplarisch anhand von Pflegesituationen und dem Pflegeprozess. Damit einher geht die erstmalige gesetzliche Definition von Vorbehaltsaufgaben (§ 4 PflBG).[61] In diesem Zusammenhang werden pflegerische Kernaufgaben formuliert, welche ausschließlich von examinierten Pflegefachpersonen durchgeführt werden dürfen und nicht delegierbar sind.[62] Dies stärkt die professionelle Autonomie gegenüber der ärztlichen Profession, die in den alten Gesetzen nicht in dieser Klarheit verankert war.

---

[60] Vgl. Landesregierung Sachsen-Anhalt (2020): Verordnung über die Anforderungen an die Geeignetheit von Einrichtungen nach § 7 Abs. 1 und 2 in Verbindung mit Abs. 5 des Pflegeberufeeignungsgesetzes im Land Sachsen-Anhalt (Pflegeberufe-Eignungsverordnung Sachsen-Anhalt – PflEignVO LSA) vom 22.06.2020, in Gesetz- und Verordnungsblatt für das Land Sachsen-Anhalt (GVBl. LSA) Nr. 23/2020, Magdeburg, S. 285.

[61] Das PflBG benennt an dieser Stelle folgende Kernaufgaben für (Pflegefach-)Personen, die über eine entsprechende Berufserlaubnis verfügen: Die Erhebung und Feststellung des individuellen Pflegebedarfs, die Organisation, Gestaltung und Steuerung des Pflegeprozesses sowie die Analyse, Evaluation, Sicherung und Entwicklung der Qualität der Pflege, Vgl. Weiß, T./ Meißner, T./ Kempa, S. (2018): Das Pflegeberufereformgesetz (PflBRefG), Wiesbaden, S. 9.

[62] Vgl. Dielmann, G. (2025): Pflegeberufegesetz und Ausbildungs- und Prüfungsordnung, 3. Aufl., Frankfurt am Main, S. 60.

Ein weiterer entscheidender struktureller Unterschied zur vorherigen Rechtslage, betrifft die finanzielle Absicherung der Auszubildenden. Da die Vergütungssituation, besonders in der Altenpflege zuvor oft prekär und von strukturellen Disparitäten geprägt war, normiert § 19 PflBG nun einen Rechtsanspruch auf eine angemessene Ausbildungsvergütung für alle Auszubildenden über die gesamte Ausbildungsdauer hinweg. Die Finanzierung erfolgt dabei über ein neu geschaffenes Umlageverfahren durch Ausgleichsfonds auf Landesebene (§ 26 ff. PflBG), welches sämtliche Träger der pflegerischen Versorgung, das Bundesland sowie die Kostenträger, d. h. soziale und private Pflegeversicherung, einbindet. Durch diese Regelung, die parallel dazu auch die bundesweite Schulgeldbefreiung sicherstellt, wurden die vorher bestehenden Wettbewerbsnachteile der Altenpflege gegenüber der Krankenpflege formal beseitigt und die finanzielle Planungssicherheit erhöht. Gleichwohl konnte das mit dem Gesetz u. a. verfolgte Ziel, die Zahl der Auszubildenden deutlich zu erhöhen, zunächst bislang nicht erreicht werden.[63]

Festzuhalten bleibt, dass das PflBG eine fundamentale Veränderung der Berufsausbildung darstellt, für die sich – damals wie heute – sowohl entschiedene Befürworter als auch deutliche Kritiker finden.

2.4.3 Herausforderungen und Kritik

Diese anhaltende Kontroverse entzündet sich vor allem an der Frage, ob die Generalistik tatsächlich die erforderliche Modernisierung des Pflegeberufs bedeutet oder eher eine Gefahr für die Versorgungsqualität in den spezialisierten Settings darstellt. Die Argumentationslinien lassen sich dabei in grundsätzliche systemische Erwägungen und aktuelle umsetzungsbezogene Kritikpunkte unterteilen.

Befürworter der Ausbildungsreform, wie der Pflegewissenschaftler Frank Weidner, sehen in der Zusammenführung der vorangegangenen Ausbildungszweige einen längst überfälligen Schritt, um den *„deutschen Sonderweg“* einer nach Altersgruppen getrennten Pflegeausbildung zu beenden. Weidner argumentiert, dass die strikte Trennung von Alten- und Krankenpflege sachlich nicht mehr zu rechtfertigen sei, da sich die Versorgungsbedarfe der Patienten zunehmend überschneiden.[64] Bestätigung findet diese grundlegende Ausrichtung auch in der

[63] Vgl. Dielmann, G. (2025): Pflegeberufegesetz und Ausbildungs- und Prüfungsordnung, 3. Aufl., Frankfurt am Main, S. 226.

[64] Vgl. Weidner, F. (2014): Generalistische Pflegeausbildung Pro: „Jetzt wächst zusammen, was zusammengehört“, in: Dr. med. Mabuse Zeitschrift für alle Gesundheitsberufe, 39 Jg., Nr. 211, Frankfurt am Main, S. 14–15.

aktuellen Debatte durch Berufsverbände wie die Vereinigung der Pflegenden in Bayern (VdPB), deren Präsident Georg Sigl-Lehner 2023 hervorhob, dass das Gesetz mit der Einführung von Vorbehaltsaufgaben (siehe Abschnitt 2.4.2) einen entscheidenden Schwerpunkt für die Professionsentwicklung gesetzt habe. Damit rücke die berufliche Autonomie endlich ins Zentrum des Berufsverständnisses, was die Attraktivität des Feldes langfristig sichere. Zudem verweist die VdPB auf Erhebungen des BiBB, wonach die Auszubildenden selbst der Generalistik ein positives Zeugnis ausstellen würden – ein Befund also, der dem Vorwurf der Praxisferne widerspricht. Ergänzend dazu betont der Verband, dass die gesetzlich verankerte Evaluation der Ausbildungsreform dazu diene, vorhandene Probleme und unvermeidbare *„Kinderkrankheiten"* frühzeitig zu identifizieren und gezielt nachzusteuern. Sigl-Lehner bemerkt darüber hinaus: *„Bei der Einführung einer neuen Ausbildung, insbesondere unter den von der Pandemie verursachten widrigsten Umständen, gleich Perfektion zu erwarten ist völlig unangemessen."*[65] Auch der DBfK verteidigt den Weg der Modernisierung. Martin Dichter, Vorsitzender des DBfK Nordwest, warnt davor, die Ausbildung *„schlechtzureden"*, da dies die Nachwuchsgewinnung gefährde und die erreichten Erfolge, wie die EU-weite Anerkennung, aufs Spiel setze.[66]

Demgegenüber stehen Kritiker, die vor allem den Verlust der spezifischen Kompetenzen in der Altenpflege beklagen. So warnte Ursula Kriesten bereits im Vorfeld der Novellierung davor, dass die fachspezifische Ausrichtung der Altenpflege auf die Lebenswelt und soziale Betreuung alter Menschen in einem generalistischen Curriculum verloren gehe. Sie bezeichnete die Generalistik als *„politisch verfolgte Einsparstrategie"*, bei der spezialisierte Fachprofile durch universell einsetzbare aber in der Tiefe weniger qualifizierte Generalisten ersetzt würden, und sah darin die *„Gefahr einer Entprofessionalisierung in der Pflege."*[67] Diese Sorge wird aktuell durch Stimmen aus der Politik und von Arbeitgeberverbänden befeuert. So stellte der niedersächsische Sozialminister Andreas Philippi (SPD) das System jüngst in Frage und regte an, es zu überdenken, da es Probleme bei Pflichteinsätzen und wohnortnahen Ausbildungsplätzen gäbe.[68] Auch Bernd Meurer, Präsident des Bundesverbandes privater Anbieter sozialer Dienste

---

[65] Vgl. VdPB (2023): Generalistische Ausbildung zu Unrecht in der Kritik, Pressemitteilung vom 09.08.2023.

[66] Vgl. Millich, N. (2025) Kontroverse um Pflegeausbildung: Generalistik in der Kritik – DBfK widerspricht Philippi, in BibliomedPflege, News vom 25.09.2025, Melsungen.

[67] Vgl. Kriesten, U. (2014): Generalistische Pflegeausbildung Contra: *„Gefahr der Entprofessionalisierung"*, in Dr. med. Mabuse, 39. Jg., Nr. 211, S. 16–17.

[68] Vgl. Millich, N. (2025) Kontroverse um Pflegeausbildung: Generalistik in der Kritik – DBfK widerspricht Philippi, in BibliomedPflege, News vom 25.09.2025, Melsungen.

(bpa), sah die Reform bereits früh kritisch. Er bemängelte u. a. die geringe Anwesenheit der Auszubildenden in deren Stammeinrichtung durch die vielen Fremdeinsätze und bezeichnete die neue Pflegeausbildung polemisch als *„verlängertes Schnupper-Praktikum“*.[69] Darüber hinaus übte auch der BVKJ frühzeitig Kritik und sah in der generalistischen Pflegeausbildung eine *„große Gefahr für die Versorgung“* insbesondere von Frühgeborenen. Der kritische Fokus bezog sich dabei auf den fachlichen Kompetenzverlust sowie die unzureichende Entwicklung der für die Pädiatrie essenziellen Empathie und Kenntnisse im Umgang mit kranken Kindern und deren Eltern.[70] Fünf Jahre nach Umsetzung zeigt der Realitätscheck ein gespaltenes Bild zwischen politischer Wahrnehmung und klinischem Alltag. Dies lässt sich bspw. an der Situation in Baden-Württemberg verdeutlichen. Während das dortige Gesundheitsministerium die *„Kinderkrankheiten“* inzwischen als *„geheilt“* ansieht, schlagen Kliniken und Verbände Alarm. Sie kritisieren, dass die früher separat ausgebildeten Spezialisten fehlen und Absolventen der Generalistik *„gezielt und intensiv“* nachqualifiziert werden müssten. Es wird moniert, dass die vorgesehenen 120 Stunden Praxiseinsatz in der Pädiatrie bei weitem nicht ausreichten, um die nötige Handlungssicherheit zu gewährleisten. Neben einem Kompetenzdefizit in der Kinderkrankenpflege gelte ferner die Altenpflege als *„unbeliebt“*, was sich u. a. dadurch ausdrücke, dass viele Absolventen aus der Altenpflege ihr berufliches Heil in den Einrichtungen der Akutpflege suchen würden.[71]

Zusammenfassend kristallisieren sich aus den genannten Kritikpunkten zwei wesentliche Herausforderungen für die praktische Umsetzung heraus. Zum einen erweist sich die strukturelle Fragmentierung der Pflegeausbildung als Hürde für die berufliche Sozialisation. Wenn Auszubildende durch zahlreiche Pflichtrotationen und Fremdeinsätze kaum noch kontinuierlich in ihrer Stammeinrichtung präsent sind, wie es die Kritik am *„verlängerten Schnupper-Praktikum“* pointiert, erschwert dies die Identifikation mit der Pflegeorganisation und das Hineinwachsen in ein festes Teamgefüge massiv. Zum anderen verlagert der generalistische Ansatz die Verantwortung für die Spezialisierung faktisch in die Zeit nach dem Examen. Das Erfordernis, Absolventen in Bereichen wie der Pädiatrie erst durch aufwendige Nachschulungsprogramme zur vollen Handlungsfähigkeit zu führen,

---

[69] Vgl. BibliomedPflege (2016): Lob und Kritik nach Kabinettsbeschluss zur Generalistik, News vom 14.01.2016, Melsungen.

[70] Vgl. Fricke, A. (2015): Kinderärzte sind gegen generalistische Pflegeausbildung, in: ÄrzteZeitung, Artikel vom 06.10.2015, Berlin.

[71] Vgl. dpa (2024): Kritik an neuer Pflegeausbildung: Kliniken machen sich Sorgen, in: meinKA – Dein Stadtportal für Karlsruhe, Nachrichten, vom 23.09.2024, Karlsruhe.

stellt die Arbeitgeber vor finanzielle und organisatorische Belastungen. Folglich besteht die Herausforderung darin, eine breit angelegte Generalistik so zu gestalten, dass sie nicht zu Lasten der für die Patientensicherheit notwendigen fachlichen Tiefe geht – ein Zielkonflikt, der auch im Zentrum der aktuellen Begleitforschung steht.

2.5 Aktueller Forschungsstand

Da sich die möglichen Folgen und Nebenwirkungen einer so tiefgreifenden Berufsreform oft erst in der konkreten Umsetzung zeigen, wird die Einführung der generalistischen Pflegeausbildung von Beginn an durch eine umfassende Begleitforschung flankiert. Neben dem in § 60 Abs. 6 PflAPrV gesetzlich verankerten Forschungsprogramm des BiBB – namentlich BENP und BENP II – liefern regionale Analysen wichtige Erkenntnisse, die in Relation zueinander gestellt werden können.

Erste Ergebnisse der Begleitforschung deuteten zunächst darauf hin, dass die generalistische Pflegeausbildung im Vergleich zu den Vorgängermodellen als attraktiver wahrgenommen wird. Ein starkes Indiz für diese anfängliche Begeisterung lieferte die erste Befragungswelle (T1) des BiBB-Pflegepanels, in der 80,5 % der Auszubildenden angaben, sich erneut für diese Ausbildung entscheiden zu wollen. Parallel vergaben zu diesem Zeitpunkt noch 59,6 % der Absolventen der ersten Ausbildungskohorte die Note *„sehr gut"* bis *„gut"* für ihre Ausbildung.[72] Neuere Daten der dritten Befragungswelle (T3) zeichnen hingegen ein deutlich kritischeres Bild und belegen eine sinkende Zufriedenheit im Ausbildungsverlauf. Demnach bewerten lediglich knapp 35 % der Befragten ihre Ausbildung als *„sehr gut"* oder *„gut"*.[73] Der Anteil derjenigen, die die Pflegeausbildung als *„befriedigend"* bis *„ungenügend"* einschätzen, ist entsprechend gestiegen und die Anzahl derer, die die Ausbildung erneut absolvieren würden,

[72] Vgl. Peters, M./ Klein, Z. (2022): Die Pflegeausbildung systematisch weiterentwickeln – Forschungsprogramm zur Pflegebildung und zum Pflegeberuf in: Die Schwester Der Pfleger, 61 Jg., Heft 2898, Ausgabe 8/2022, Melsungen, S. 62–65.

[73] Eine Umfrage der ver.di aus dem Jahr 2024 kommt zu einem ähnlichen drastischen Ergebnis. Laut aktuellem Ausbildungsreport zeigten sich 34,1 % der Auszubildenden *„sehr zufrieden"* oder *„zufrieden"*. In der Befragung von 2021 lag die Zahl noch 42,8 %; Vgl. ver.di (2024): Ausbildungsreport Pflegeberufe 2024, Berlin, S. 9, S. 48.

ist auf etwa 60 % gesunken.[74] Auffällig ist ferner, dass sich die große Mehrheit der Auszubildenden auf den generalistischen Abschluss *„Pflegefachmann"* bzw. *„Pflegefachfrau"* fokussiert. Es bleibt jedoch forschungsseitig unklar, ob dies einer bewussten Wahlentscheidung entspricht oder eher einer Inanspruchnahme mangels Alternativangeboten seitens der Pflegeschulen geschuldet ist.[75]

Die sinkende Zufriedenheit manifestiert sich zunehmend in harten Fakten. Aktuelle Branchenreports bestätigen, dass die Abbruch- bzw. Verlustquote in der Pflegeausbildung (zwischen 31 und 36 %) seit Reformbeginn deutlich gestiegen ist.[76] In erster Linie sehen Branchenexperten die Ursache hierfür in den vielen Fremdeinsätzen und fehlenden Spezialisierungsmöglichkeiten. Durch diesen Trend werden Träger nicht nur finanziell, sondern auch organisatorisch enorm belastet, weil fest eingeplante Nachwuchskräfte im laufenden Betrieb wegbrechen – ein Phänomen, das insbesondere die Langzeitpflege unter Druck setzt.[77] Die Begleitforschung registriert ein strukturelles Ungleichgewicht zwischen den gestiegenen Anforderungen des PflBG und den individuellen Lernvoraussetzungen der Bewerber als wesentlichen Treiber für diese Entwicklung. Eine Folge ist der signifikante Anstieg des Überforderungsrisikos.[78] Am Beispiel der Metropolregion Berlin-Brandenburg manifestiert sich diese Diskrepanz in aller Deutlichkeit. Offizielle Daten des dortigen Statistikamtes belegen, dass im ersten Absolventenjahrgang knapp die Hälfte aller Auszubildenden ihre Berufsausbildung nicht erfolgreich beenden konnten (Berlin: 48,1 %, Brandenburg

---

[74] Vgl. Reuschenbach, B./ Großmann, D./ Olden, D. (2024): Begleitforschung zur Einführung der neuen Pflegeausbildungen – 3. Befragungswelle Auszubildende 2023, Sonderauswertung: Berufliche Einmündung & Ausbildungszufriedenheit differenziert nach Vertiefungsbereich, Stand: 29.02.2024, München, S. 3.

[75] Vgl. Olden, D./ Großmann, D./ Dorin, L./ u. a. (2023): Die generalistische Pflegeausbildung in Deutschland aus Sicht Auszubildender, in: Pflege – Die wissenschaftliche Zeitschrift für pflegeberufe, Jg. 36, Heft 5, 10/2023, Bern, S. 254.

[76] In Sachsen-Anhalt stieg die Verlustquote in der Pflegeausbildung (Ausbildungsabbrüche und endgültig nicht bestandene Prüfungen) von 32,5 % (2023) auf zuletzt 35 % (2024).

[77] Vgl. Vincentz Network (2025): Abbruchquote in der Pflegeausbildung steigt deutlich, in Altenheim – Lösungen fürs Management, News vom 09.12.2025, Hannover; Vgl. Deutsches Pflegehilfswerk e. V. (o. J.): Besorgniserregende Zahlen: Abbruchquote in Pflegeausbildungen überdurchschnittlich hoch, in Pflegenot Deutschland, Berlin.

[78] Vgl. Reiber, K./ Mohr, J./ Evans-Borchers, M./ u. a. (Hrsg.) (2024): Fachkräftesicherung, Versorgungsqualität und Karrieren in der Pflege, Bielefeld, S. 206–209.

48,3 %) – sei es durch vorzeitigen Abbruch oder endgültig nicht bestandene Prüfungen.[79]

Eng verwoben mit diesen alarmierenden Verlustzahlen sind gravierende Mängel in der praktischen Ausbildungsqualität. Obwohl das PflBG eine verbindliche Praxisanleitung im Umfang von 10 % eines jeweiligen Praxiseinsatzes vorschreibt, liegt die Quote der tatsächlich im gesetzlichen Umfang durchgeführten Praxisanleitungen gemäß DBfK weit unter dem Soll (siehe Abschnitt 1.2).[80] Auch die Evaluationsstudie aus Bremen bestätigt, dass die praktische Anleitung oft unter massiven Verbindlichkeitsproblemen leidet, da sie im Alltag häufig dem akuten Personal- und Zeitmangel zum Opfer fällt.[81] Obendrein berichtet knapp ein Drittel (31,4 %) der Auszubildenden in der ersten Befragungswelle des BiBB-Pflegepanels, dass in ihrer Einrichtung keinerlei Unterstützungsangebote verfügbar seien.[82] Diese defizitären Rahmenbedingungen wirken sich unmittelbar auf die Attraktivität der verschiedenen Einsatzorte aus und verschärfen den Wettbewerb zwischen den Versorgungssettings. Auf Grundlage vorliegender Erkenntnisse aus der Begleitforschung offenbart sich auch hier ein struktureller Mangel. Angesichts dessen, dass sich die Praxisanleitung in Kliniken organisatorisch meist leichter sicherstellen lässt als in der ambulanten Pflege oder stationären Langzeitpflege, erleben Auszubildende dort häufig verlässlichere Rahmenbedingungen, was weitreichende Konsequenzen für den Arbeitsmarkt mit sich bringt: Der Sonderauswertung des BiBB zufolge präferieren mehr als die Hälfte aller Auszubildenden die stationäre Akutpflege als künftigen Arbeitsort.[83] Trotz des generalistischen Anspruchs droht die Alten- bzw. Langzeitpflege somit im Wettbewerb um die frisch examinierten Pflegefachpersonen weiter zurückzufallen.

---

[79] Vgl. Amt für Statistik Berlin-Brandenburg (2024): Erster Absolventenjahrgang der generalistischen Pflegeausbildung verabschiedet, Pressemitteilung Nr. 159 vom 08.07.2024, korrigierte Fassung vom 11.07.2024, Potsdam.

[80] Vgl. DBfK (Hrsg.) (2024): Situation der Praxisanleitung – DBfK Auszubildenden Befragung 2024, Berlin, S. 6.

[81] Vgl. Reiber, K./ Mohr, J./ Evans-Borchers, M./ u. a. (Hrsg.) (2024): Fachkräftesicherung, Versorgungsqualität und Karrieren in der Pflege, Bielefeld, S. 206.

[82] Vgl. Olden, D./ Großmann, D./ Dorin, L./ u. a. (2023): Die generalistische Pflegeausbildung in Deutschland aus Sicht Auszubildender, in: Pflege – Die wissenschaftliche Zeitschrift für pflegeberufe, Jg. 36, Heft 5, 10/2023, Bern, S. 253.

[83] Vgl. Reuschenbach, B./ Großmann, D./ Olden, D. (2024): Begleitforschung zur Einführung der neuen Pflegeausbildungen – 3. Befragungswelle Auszubildende 2023, Sonderauswertung: Berufliche Einmündung & Ausbildungszufriedenheit differenziert nach Vertiefungsbereich, Stand: 29.02.2024, München, S. 1–2.

Unter Berücksichtigung dieser bundesweiten Befunde stellt sich die dringende Frage, wie sich die Situation angesichts der spezifischen demografischen Bedingungen in Sachsen-Anhalt darstellt. Um über die reinen Zahlen hinaus die grundlegenden Ursachen und subjektiven Wahrnehmungen der Betroffenen zu erschließen, wählt die vorliegende Arbeit einen Forschungsansatz, der diese Deutungsmuster in den Mittelpunkt stellt – das hierfür gewählte methodische Design wird im Folgenden eingehend erläutert.

Methodische Vorgehensweise 3

Nachdem die theoretischen Grundlagen und der aktuelle Forschungsstand dargelegt wurden, expliziert das vorliegende Kapitel das methodische Vorgehen zur Beantwortung der in Abschnitt 1.3 formulierten Forschungsfragen. Ziel ist es, den gesamten Forschungsprozess transparent und intersubjektiv nachvollziehbar zu machen. Im Zuge dessen wird methodisch begründet, warum zur Erfassung der komplexen Wirkungszusammenhänge des PflBG bzw. der generalistischen Pflegeausbildung ein qualitatives Forschungsdesign gewählt wurde, um dem Prinzip des regelgeleiteten Vorgehens Rechnung zu tragen.[1] Abschnitt 3.1 widmet sich eingangs der fundierten Begründung des gewählten Forschungsdesigns sowie der daraus abgeleiteten Methodenwahl. Daran anknüpfend werden in Abschnitt 3.2 der individuelle Forschungszugang und die leitenden Vorannahmen offengelegt, um die individuelle Perspektive des Forschers und deren Einfluss auf den Erkenntnisprozess kritisch zu reflektieren. Im Zentrum der methodischen Umsetzung steht anschließend das Abschnitt 3.3, welches die operativen Arbeitsschritte der Datenerhebung, -aufbereitung und -analyse bündelt.

---

[1] Vgl. Mayring, P. (2023): Einführung in die qualitative Sozialforschung, 7. Aufl., Weinheim/Basel, S. 123–124; Vgl. Kuckartz, U./ Rädiker, S. (2024): Qualitative Inhaltsanalyse, Methoden, Praxis, Umsetzung mit Software und künstlicher Intelligenz, 6. Aufl., Weinheim/Basel, S. 31.

Ergänzende Information Die elektronische Version dieses Kapitels enthält Zusatzmaterial, auf das über folgenden Link zugegriffen werden kann https://doi.org/10.1007/978-3-658-52369-5_3.

M. Gotter, *Die generalistische Pflegeausbildung zwischen Anspruch und Wirklichkeit*, BestMasters, https://doi.org/10.1007/978-3-658-52369-5_3

3.1 Forschungsdesign

Wissenschaftliche Erkenntnisprozesse werden maßgeblich durch die zugrundeliegenden Fragestellungen determiniert. Dabei fungieren Forschungsfragen nicht nur als bloße Wegweiser für Methodenentscheidungen, sondern dienen auch dazu, den konstruktiven Umgang mit Unsicherheiten im Forschungsprozess zu erleichtern und praktische Anhaltspunkte für die Bearbeitung zu liefern.[2] Für die vorliegende Arbeit bilden daher die in Abschnitt 1.3 formulierten Fragestellungen den methodischen Ausgangspunkt. Da das Erkenntnisinteresse auf die Erfassung der subjektiven Wahrnehmung der Diskrepanz zwischen gesetzlichem Anspruch und versorgungspraktischer Wirklichkeit in Sachsen-Anhalt gerichtet ist, erfordert dies einen Zugang, der über die reine Messung von quantitativen Daten hinausgeht. Um diese vielschichtigen Erfahrungshintergründe und subjektiven Deutungsmuster in ihrer Tiefe zu erschließen, wurde ein qualitatives Forschungsdesign gewählt.

Unter der Maßgabe die Struktur der Untersuchung transparent zu machen und das logische Ineinandergreifen der Prozessschritte überprüfbar zu gestalten, bedarf es eines expliziten Forschungsdesigns. Methodologisch orientiert sich der Zugriff dieser Arbeit am qualitativ-interpretativen Paradigma der empirischen Sozialforschung.[3] Wenngleich zur generalistischen Pflegeausbildung bereits erste bundesweite Befunde existieren, folgt die Studie der Prämisse, dass wissenschaftliche Erkenntnisse stets in neuen zeitlichen und räumlichen Kontexten validiert werden müssen.[4] Diesem Anspruch wird Rechnung getragen, indem der Forschungsgegenstand spezifisch im räumlichen Setting des Flächenlandes Sachsen-Anhalt und zu einem Zeitpunkt untersucht wird, an dem erste Langzeiteffekte des PflBG wirksam werden.

---

[2] Vgl. Baur, N./ Blasius, J. (Hrsg.) (2022): Handbuch Methoden der empirischen Sozialforschung, 3. Aufl., Wiesbaden, S. 37.

[3] Vgl. Baur, N./ Blasius, J. (Hrsg.) (2022): Handbuch Methoden der empirischen Sozialforschung, 3. Aufl., Wiesbaden, S. 124; Vgl. Gras, J./ Schieferdecker, R. (Hrsg.) (2025): Einführung in die Qualitative Sozialforschung, Bad Heilbrunn, S. 12.

[4] Vgl. Baur, N./ Blasius, J. (Hrsg.) (2022): Handbuch Methoden der empirischen Sozialforschung, 3. Aufl., Wiesbaden, S. 51.

Als zentrales Instrument der Datenerhebung wurde das leitfadengestützte Experteninterview gewählt. Dabei wird der Begriff *„Experte"* in Anlehnung an die wissenssoziologische Deutung von Meuser und Nagel verwendet. Demnach konstituiert sich der Expertenstatus nicht zwingend durch den alleinigen Besitz von Wissen, sondern durch einen *„privilegierten Zugang zu Informationen"* innerhalb eines spezifischen Handlungsfeldes. Alle Befragten werden folglich nicht als Privatpersonen, sondern vielmehr in ihrer Eigenschaft als Träger eines spezifischen Praxis- und Handlungswissens adressiert, welche über eine *„institutionalisierte Konstruktion von Wirklichkeit"* verfügen.[5] Dieser Zugang ermöglicht es, das exklusive Sonderwissen der Akteure – sei es aus Perspektive der Absolventen, Praxisanleiter oder Schulleiter/Lehrer – effizient zu bündeln und die strukturellen Bedingungen in Sachsen-Anhalt aus erster Hand zu rekonstruieren. Der Forschungsprozess wird in diesem Zusammenhang als flexibles und zirkuläres Verfahren begriffen, das eine stetige Reflexion und Anpassung an die Gegebenheiten des Forschungsfeldes erfordert.[6] Ein wesentlicher Aspekt des Forschungsdesigns ist die Einhaltung forschungsethischer Standards. Unter Berücksichtigung dessen, dass die Interviews teils sensible betriebsinterne Einschätzungen berühren, erfolgte die Datenerhebung unter strikter Wahrung der Anonymität sowie auf Basis einer entsprechenden Einwilligungserklärung (siehe ESM 1).[7] Dies war entscheidend, um eine vertrauensvolle Gesprächsatmosphäre zu schaffen, in der auch kritische Stimmen zur Reformumsetzung offen geäußert werden konnten.

Die konkrete Ausgestaltung der Erhebungssituation wurde im Zuge dessen flexibel an die individuellen Gegebenheiten des Forschungsfeldes angepasst. Um den unterschiedlichen zeitlichen Ressourcen und organisatorischen Rahmenbedingungen der Interviewpartner gerecht zu werden, wurde das Gesprächsarrangement pragmatisch variiert. Insgesamt bilden 13 Einzelinterviews den Kern der

---

[5] Vgl. Pickel, S./ Pickel, G./ Lauth, H.-J./ u. a. (Hrsg.) (2009): Methoden der vergleichenden Politik- und Sozialwissenschaft, 1. Aufl., Wiesbaden, S. 467–468; Vgl. Helfferich, C. (2011): Die Qualität qualitativer Daten, 4. Aufl., Wiesbaden, S. 163.

[6] Vgl. Helfferich, C. (2011): Die Qualität qualitativer Daten, 4. Aufl., Wiesbaden, S. 26; Ergänzender Hinweis: Anhänge und Transkripte sind als elektronisches Zusatzmaterial (Online-Ressourcen) verfügbar und werden im Text fortlaufend als (Online-Ressource mit Nummerierung) referenziert.

[7] Vgl. Helfferich, C. (2011): Die Qualität qualitativer Daten, 4. Aufl., Wiesbaden, S. 190–192; Vgl. Gras, J./ Schieferdecker, R. (Hrsg.) (2025): Einführung in die Qualitative Sozialforschung, Bad Heilbrunn, S. 260; Ergänzender Hinweis: Anhänge sind als elektronisches Zusatzmaterial (im Folgenden ESM mit Nummerierung) online verfügbar.

Datenbasis, ergänzt durch zwei Gruppeninterviews, welche sich aus forschungsökonomischen Erwägungen ergaben. Diese Anpassung an die Verfügbarkeit der Akteure vor Ort erwies sich im analytischen Rückblick als inhaltlicher Gewinn, denn die entstandenen diskursiven Aushandlungsprozesse zwischen den jeweiligen Kollegen erlaubten ergänzende Einblicke in die kollektive Wahrnehmung der Pflegeberufereform, die über die Summe der Einzelmeinungen hinausgingen. Die vorliegende Untersuchung integriert auf diese Weise sowohl die Tiefe individueller Erfahrungsberichte als auch die Dynamik beruflicher Interaktion. Um das so gewonnene, vielschichtige Datenmaterial systematisch und regelgeleitet zu erschließen, erfolgt die Auswertung mithilfe einer Kombination aus deduktiven und induktiven Schritten der Qualitativen Inhaltsanalyse, deren operative Umsetzung in Abschnitt 3.3.5 expliziert wird.

3.2 Reflexion des Forschungszugangs und der Vorannahmen

Zu konstatieren ist an dieser Stelle, dass sich der qualitative Forschungsprozess nicht voraussetzungslos vollzieht. Um neues Wissen zu produzieren, bedarf es stets des Rückgriffs auf bereits vorhandenes Wissen.[8] Insbesondere die Analyse qualitativer Daten ist unweigerlich durch die Sicht des Forschers geprägt, der das Datenmaterial grundsätzlich *„durch die eigene Brille"* betrachtet.[9] Kuckartz sieht in diesem Vorverständnis jedoch keinen Störfaktor, welcher zu beseitigen ist. Es wird von ihm vielmehr als notwendige Voraussetzung für das Verstehen komplexer sozialer Zusammenhänge erachtet. Ohne ein entsprechendes Kontextwissen ließen sich die Textdaten demzufolge allenfalls auf ihrer syntaktischen Ebene, nicht aber in ihrer semantischen Tiefe erfassen.[10]

Für eine valide Einordnung der Analyseergebnisse ist eine Offenlegung der Standortgebundenheit des Forschers unabdingbar. Der Verfasser der vorliegenden Arbeit greift auf eine umfassende berufliche Sozialisation sowohl in der stationären Langzeitpflege als auch im Akutpflegesetting zurück. Angesichts der langjährigen Tätigkeit als Leitungskraft und der damit verbundenen Verantwortung für Auszubildende in beiden Sektoren ist ihm nicht nur die Perspektive

[8] Vgl. Baur, N./ Blasius, J. (Hrsg.) (2022): Handbuch Methoden der empirischen Sozialforschung, 3. Aufl., Wiesbaden, S. 51.

[9] Vgl. Kuckartz, U./ Rädiker, S. (2024): Fokussierte Inhaltsanalyse mit MAXQDA, 2. Aufl., Wiesbaden, S. 12.

[10] Vgl. Kuckartz, U./ Rädiker, S. (2024): Qualitative Inhaltsanalyse, Methoden, Praxis, Umsetzung mit Software und künstlicher Intelligenz, 6. Aufl., Weinheim/Basel, S. 23–24.

der Altenpflege vertraut, sondern auch die historische Ausbildungspraxis der Krankenpflege, in der die Auszubildenden oftmals als reine Funktionskräfte für routinemäßige Tätigkeiten eingesetzt wurden. Diese sektorenübergreifende Erfahrungsgrundlage ermöglicht ein differenziertes Verständnis für die Stärken und Schwächen des alten, getrennten Ausbildungssystems sowie einen privilegierten Zugang zum Forschungsfeld und dessen fachsprachlichen Codes. Zentraler Beweggrund für das Forschungsvorhaben ist eine beobachtete Diskrepanz zwischen dem öffentlichen Diskurs und der versorgungspraktischen Realität. Während der Verfasser in seiner aktuellen Funktion als bundesweiter Qualitätsberater für Pflegeunternehmen zunehmend mit Klagen von Auszubildenden und Praxisanleitern konfrontiert wird, die über Qualitätsverluste berichten und die Systemumstellung kritisch hinterfragen, zeichnen Medienberichte und politische Entscheidungsträger häufig ein diametrales Bild. Das politische Narrativ, welches die Generalistik als alternativlosen Erfolgsgaranten für Attraktivität und Versorgungssicherheit rahmt, deckt sich kaum mit den subjektiven Schilderungen der operativen Ebene, die dem Verfasser im beruflichen Alltag begegnen. Aus diesem Spannungsfeld resultiert die leitende Vorannahme, dass die generalistische Pflegeausbildung in der konkreten Umsetzungspraxis – vor allem unter den strukturellen Bedingungen Sachsen-Anhalts – mit erheblichen Reibungsverlusten behaftet ist. Es wird angenommen, dass die offiziellen Ziele der Ausbildungsreform (siehe Abschnitt 2.4.1) durch die strukturellen Hürden der Versorgungspraxis konterkariert werden und die Unzufriedenheit der Akteure größer ist, als es die medialen und politischen Erfolgsmeldungen vermuten lassen.

Um zu verhindern, dass diese subjektiven Erfahrungswerte und die kritische Grundhaltung die Analyseergebnisse verzerren, gründet die Untersuchung auf dem Grundsatz der kontrollierten Subjektivität, wie ihn Kuckartz und Rädiker sinngemäß als wesentliches Merkmal qualitativer Sozialforschung herausstellen.[11] Das strikt regelgeleitete Vorgehen der Qualitativen Inhaltsanalyse (siehe Abschnitt 3.3.5) sowie die Arbeit am Transkript dienen hierbei als methodisches Korrektiv. Sie zwingen dazu, Interpretationen nicht auf Basis eigener Annahmen oder Überzeugungen, sondern ausschließlich evidenzbasiert am Textmaterial vorzunehmen und vor diesem Hintergrund die eigene Erwartungshaltung durchgehend kritisch zu überprüfen.

---

[11] Vgl. Kuckartz, U./ Rädiker, S. (2024): Qualitative Inhaltsanalyse, Methoden, Praxis, Umsetzung mit Software und künstlicher Intelligenz, 6. Aufl., Weinheim/Basel, S. 26.

3.3 Empirischer Forschungsprozess

Qualitative Sozialforschung greift auf ein außerordentlich vielfältiges Spektrum an Datenquellen zurück, welches weit über offene Befragungen hinausreicht und diverse mediale Formate einschließt.[12] Angesichts des hier zugrundeliegenden Erkenntnisinteresses konzentriert sich die vorliegende Untersuchung auf die Erhebung und Analyse verbaler Daten auf Basis von Audioaufzeichnungen bzw. Transkripten. Der Prozess der Datengewinnung orientiert sich dabei am Ideal der theoretischen Sättigung – einem Punkt, der als erreicht gilt, sobald die Einbeziehung neuer, auch kontrastierender Fälle keine wesentlichen neuen Erkenntnisse für die Interpretation mehr liefert.[13]

Im folgenden Abschnitt wird die operative Umsetzung dieser Maßgaben dargelegt. Dies beginnt mit der Entwicklung des Interviewleitfadens (Abschnitt 3.3.1) und der Auswahl der Interviewpartner (Abschnitt 3.3.2), wird mit der Durchführung der Einzel- und Gruppeninterviews (Abschnitt 3.3.3) sowie der Transkription (Abschnitt 3.3.4) der Interviewaufzeichnungen fortgesetzt und schließt mit der Erläuterung des Vorgehens bei der Datenauswertung mittels Qualitativer Inhaltsanalyse (Abschnitt 3.3.5).

3.3.1 Entwicklung des Interviewleitfadens

Den Auftakt der operativen Datenerhebung bildete die Entwicklung des Interviewleitfadens. Methodisch orientiert sich dieser am Konzept des leitfadengestützten, teilnarrativen Interviews – nach Helfferich eine Mischform zwischen dem offenen, narrativen Interview und dem stärker strukturierten Leitfadeninterview.[14] In seiner Form als Brücke zwischen den inhaltlichen Interessen der Forschung und dem Forschungsfeld übersetzt das Instrument die theoretischen Vorannahmen sowie die unter Abschnitt 1.3 formulierten Teilforschungsfragen in

---

[12] Vgl. Baur, N./ Blasius, J. (Hrsg.) (2022): Handbuch Methoden der empirischen Sozialforschung, 3. Aufl., Wiesbaden, S. 501.

[13] Vgl. Gras, J./ Schieferdecker, R. (Hrsg.) (2025): Einführung in die Qualitative Sozialforschung, Bad Heilbrunn, S. 20.

[14] Vgl. Helfferich, C. (2011): Die Qualität qualitativer Daten, 4. Aufl., Wiesbaden, S. 37, S. 179.

konkrete, für die Interviewpartner beantwortbare Erzählaufforderungen.[15] Grundlage für die Genese des Interviewleitfadens war das von Helfferich beschriebene *„SPSS-Prinzip" (Sammeln, Prüfen, Sortieren, Subsumieren),* wodurch eine systematische und reflexionsgeleitete Konstruktion gewährleistet wird. Diese Vorgehensweise dient nicht nur der Strukturierung, sondern wie zuvor erwähnt auch der Explikation des bereits vorhandenen theoretischen Vorwissens.[16]

Unter Maßgabe dessen erfolgte zunächst ein diskursiver Austausch mit Kollegen aus der Fachpraxis sowie ein Brainstorming, um eine breite Sammlung potenziell relevanter Fragen zu generieren (*„Sammeln"*). Der Fokus lag hierbei auf einer möglichst umfangreichen Erfassung aller Aspekte der generalistischen Pflegeausbildung. Im zweiten Arbeitsschritt wurde die Frageliste kritisch bereinigt. Gemäß den methodischen Anforderungen an qualitative Experteninterviews wurden geschlossene Fragen, Suggestivfragen und reine Faktenfragen, die lediglich *„Ja/Nein"*-Antworten provoziert hätten, aussortiert oder umformuliert. Ziel war es, konsequent textgenerierende Fragen zu präferieren, um dem Prinzip der Offenheit gerecht zu werden und die subjektive Sichtweise der interviewten Experten nicht durch vorgegebene Antwortkategorien einzuschränken (*„Prüfen"*).[17] Zum Zweck der Sicherstellung eines natürlichen Gesprächsflusses wurden die verbliebenen Fragen weiterhin thematisch gebündelt und in eine logische Abfolge gebracht, woraus sich vier zentrale Dimensionen des Interviewleitfadens ableiteten: *„Persönliche Erfahrungen"*, *„Bewertungen"*, *„Stärken und Schwächen"* sowie *„Verbesserungspotenziale"* (*„Sortieren"*). Abschließend wurden die Fragebündel jeweils einer übergeordneten, offenen Erzählaufforderung untergeordnet (*„Subsumieren"*).

Das Resultat dieses Entwicklungsprozesses ist kein schlichter Fragekatalog, sondern ein komplex strukturierter Leitfaden, der dem Interviewer Flexibilität ermöglicht und in folgende fünf Spalten gegliedert ist:

- *„Dimension"* (Benennung des übergeordneten Themenkomplexes zur Orientierungshilfe)

[15] Vgl. Kuckartz, U./ Rädiker, S. (2024): Fokussierte Inhaltsanalyse mit MAXQDA, 2. Aufl., Wiesbaden, S. 30; Vgl. Kaiser, R. (2021): Qualitative Experteninterviews, 2. Aufl., Wiesbaden, S. 64.

[16] Vgl. Helfferich, C. (2011): Die Qualität qualitativer Daten, 4. Aufl., Wiesbaden, S. 37, S. 182–185.

[17] Vgl. Vgl. Kaiser, R. (2021): Qualitative Experteninterviews, 2. Aufl., Wiesbaden, S. 66; Dresing, T./ Pehl, T. (2015): Praxisbuch Interview, Transkription & Analyse, 6. Aufl., Marburg, S. 10–11.

- *„Leitfrage"* (Offene Erzählaufforderung, die den narrativen Fluss anregen soll),
- *„Check"*-Liste (Stichworte, die dem Interviewer als Gedächtnisstütze dienen, um sicherzustellen, dass alle relevanten Aspekte *„von selbst"* angesprochen werden),
- *„Konkrete Fragen"* (Vertiefende Fragestellungen, falls Themen nicht spontan erzählt werden) und
- *„Aufrechterhaltungs- und Steuerungsfragen"* (zur Förderung des episodischen Erzählens konkreter Situationen).[18]

Anhand dieser Struktur wird sichergestellt, dass einerseits der Raum für subjektive Narrationen gewahrt bleibt, andererseits aber die Vergleichbarkeit der Experteninterviews und die Beantwortung der (Teil-)Forschungsfrage(n) gewährleistet sind. Zur Überprüfung der Praxistauglichkeit wurde ein Pre-Test-Interview durchgeführt. Dies diente dazu, die Verständlichkeit der Fragen und die zeitliche Dimensionierung praktisch zu testen.[19] Basierend auf den Erkenntnissen dieses Probelaufs wurde der Interviewleitfaden gezielt erweitert. Um die Perspektive der Absolventen noch besser abzubilden, wurde im Bereich *„Stärken und Schwächen"* die Frage nach der Vereinbarkeit von Ausbildung und Privatleben ergänzt. Zudem wurde im Block *„Verbesserungspotenziale"* eine hypothetische Frage eingefügt (*„Wenn Sie ein uneingeschränktes Budget und die Befugnis hätten, um die Pflegeausbildung nach Ihren Vorstellungen zu gestalten, welche drei Maßnahmen würden Sie vorschlagen und umsetzen?"*), um kreative Lösungsansätze jenseits aktueller Restriktionen zu generieren (siehe ESM 2). Sämtlichen Interviewpartnern bzw. Experten wurden der finale Interviewleitfaden, das Informationsblatt sowie die Einwilligungserklärung vorab per E-Mail zugesandt. Dies sollte den Teilnehmern ermöglichen, sich gedanklich auf das Thema einzustellen und somit fundierte und reflektierte Auskünfte zu geben.

[18] Vgl. Helfferich, C. (2011): Die Qualität qualitativer Daten, 4. Aufl., Wiesbaden, S. 181–186.

[19] Vgl. Kaiser, R. (2021): Qualitative Experteninterviews, 2. Aufl., Wiesbaden, S. 82–83.

3.3.2 Zielgruppenfestlegung und Auswahl der Interviewteilnehmer

Maßgeblich für die Auswahl der Interviewpartner war der Ansatz des *„theoretical sampling"*, welcher impliziert, dass die Fallauswahl nicht vorab nach statistischen Kriterien der Repräsentativität festgelegt wurde, sondern vielmehr sukzessive und kriteriengeleitet erfolgte. Auf diese Weise sollte eine *„innere Repräsentation"* gewährleistet werden, indem Fälle ausgewählt wurden, die ein möglichst breites und kontrastreiches Spektrum an Erfahrungswissen abdecken.[20] Determiniert wurde der finale Umfang des Samples dabei durch das bereits im Eingangskapitel 3.3 ausgeführte Ideal der theoretischen Sättigung.

Mit dem Ziel, der Multiperspektivität des Forschungsgegenstandes Rechnung zu tragen, zielte die Rekrutierung darauf ab, sowohl die relevanten Versorgungssettings – ambulante Pflege, stationäre Langzeitpflege und Akutpflege im klinischen Bereich – als auch die unterschiedlichen Sichtweisen der zentralen Akteursgruppen abzubilden. In die Untersuchung einbezogen wurden daher:

- *Absolventen* der generalistischen Berufsausbildung,
- *Praxisanleiter* aus den eben genannten Sektoren sowie
- *Schulleiter und Lehrer* von Pflegeschulen.

Um einer möglichen Ergebnisverzerrung durch rein lokale Besonderheiten vorzubeugen, beschränkte sich die Expertenauswahl nicht auf einen einzelnen Standort. Stattdessen wurde eine breite regionale Streuung innerhalb des Bundeslandes Sachsen-Anhalt realisiert. Der Einzugsbereich des Samples umfasste die Städte Halle (Saale), Magdeburg, Dessau-Roßlau, Lutherstadt Eisleben, Hettstedt, Zörbig und Merseburg. Aus diesem Auswahlprozess gingen insgesamt sechs Absolventen, vier Praxisanleiter und acht Schulleiter bzw. Lehrer hervor. Anzumerken ist in diesem Kontext, dass ursprünglich zwei weitere Experten für die Gruppe der Praxisanleiter vorgesehen waren, diese ihre Teilnahme jedoch kurzfristig krankheitsbedingt bzw. aus kapazitären Gründen absagen mussten. Da die theoretische Sättigung durch die verbliebenen Interviews dennoch als hinreichend betrachtet wurde, erfolgte keine Nachrekrutierung. Zur Einhaltung forschungsethischer Grundsätze und dem damit verbundenen Schutz der Persönlichkeitsrechte aller Interviewteilnehmer wurden alle Experten pseudonymisiert. Die Pseudonymisierung wurde mithilfe der Buchstabenzuordnung zur jeweiligen

---

[20] Vgl. Helfferich, C. (2011): Die Qualität qualitativer Daten, 4. Aufl., Wiesbaden, S. 172–174.

Akteursgruppe – „*A*“ (Absolventen), „*P*“ (Praxisanleiter) und „*L*“ (Schulleiter/Lehrer) – vorgenommen. Dem jeweiligen Buchstaben wurde jeweils eine laufende Ziffer hinzugefügt, welche die Reihenfolge der Expertenbefragung innerhalb der einzelnen Akteursgruppen markiert (z. B. „*A1*“ für die Benennung des ersten interviewten Absolventen). Abbildung 3.1 gibt einen Überblick über das realisierte Sample, das Versorgungssetting sowie die angewandten Interviewformen.

Hinsichtlich des Feldzugangs bildete die Genehmigung des Landesverwaltungsamtes Sachsen-Anhalt die formalrechtliche Voraussetzung für die Datenerhebung, welche für den Zeitraum November 2025 bis Januar 2026 vorlag. Auf der persönlichen Ebene ist anzumerken, dass zu einigen Interviewpartnern bzw. Experten zum Zeitpunkt der Datenerhebung bereits eine berufliche Verbindung bestand, was die Bereitschaft zur Teilnahme begünstigte und eine vertrauensvolle Gesprächsatmosphäre schuf. Es bestand jedoch zu keinem Zeitpunkt eine private oder freundschaftliche Beziehung zu den Befragten, sodass die erforderliche professionelle Distanz sowie die methodische Neutralität während der Interviews stets gewahrt blieben. Der Erstkontakt gestaltete sich in diesem Zusammenhang gruppenspezifisch und erfolgte unter der Prämisse einer einmaligen Befragung, da das Forschungsdesign keine weiteren Verlaufsinterviews vorsah. Bei den Absolventen erfolgte die Ansprache entweder über die Einrichtungs- bzw. Pflegedienstleitungen oder über bestehende berufliche Netzwerke, welche allerdings ausschließlich der Anbahnung und der datenschutzkonformen Weitervermittlung von Kontaktdaten nach vorheriger Einwilligung der Betroffenen dienten. Anschließend erfolgten die inhaltliche Aufklärung zum Forschungsvorhaben sowie die Versendung des Informationsblatts bzw. der Einwilligungserklärung im persönlichen Austausch.[21] Schulleiter respektive Lehrer und Praxisanleiter wurden hingegen zumeist direkt telefonisch oder per E-Mail kontaktiert. Qualitativ zeichnen sich die Akteursgruppen der Schulleiter bzw. Lehrer und Praxisanleiter durch mehrjährige Berufserfahrungen aus. Besonders relevant für den angestrebten Erkenntnisgewinn ist der Umstand, dass – mit Ausnahme eines Praxisanleiters – alle Experten dieser beiden Gruppen bereits im vorherigen Ausbildungssystem tätig waren und infolgedessen über einen fundierten Vergleichshorizont verfügten.

[21] Der persönliche Austausch fand je nach Präferenz der Befragten telefonisch, per E-Mail oder Messenger-Diensten statt.

Pseudonym	Einrichtungstyp	Interviewform	Dauer (Min.)
Absolventen			
A1	Stationäre Langzeitpflege	Einzelinterview	31
A2	Stationäre Langzeitpflege	Einzelinterview	22
A3	Stationäre Langzeitpflege	Einzelinterview	55
A4	Ambulante Pflege	Einzelinterview	37
A5	Akutpflege (Krankenhaus)	Einzelinterview	48
A6	Akutpflege (Krankenhaus)	Einzelinterview	72
Praxisanleiter			
P1	Ambulante Pflege	Einzelinterview	63
P2	Stationäre Langzeitpflege	Einzelinterview	44
P3	Ambulante Pflege	Einzelinterview	98
P4	Akutpflege (Krankenhaus)	Einzelinterview	59
Schulleiter/Lehrer			
L1, L2	Pflegeschule (allgemein)	Gruppeninterview (2 Teilnehmer)	64
L3, L4, L5	Pflegeschule (allgemein)	Gruppeninterview (3 Teilnehmer)	90
L6	Pflegeschule (Akutpflege)	Einzelinterview	60
L7	Pflegeschule (Akutpflege)	Einzelinterview	94
L8	Pflegeschule (allgemein)	Einzelinterview	69

Abbildung 3.1 Pseudonymisierte Teilnehmerübersicht. (**Quelle:** Eigene Darstellung)

3.3.3 Durchführung der Einzel- und Gruppeninterviews

Schwerpunktmäßig lagen der Datenerhebung qualitative Experteninterviews zugrunde, wobei sich die tatsächliche Durchführung situativ vom ursprünglichen Forschungsdesign unterschied. Während initial ausschließlich Einzelinterviews geplant waren, ergaben sich im Feldzugang teilweise Gruppeninterviews. Diese

Anpassung resultierte vorrangig aus dem Wunsch der befragten Schulleiter bzw. Lehrer, Kollegen mit relevanter Expertise in das Gespräch einzubinden. Weniger inhaltlich vorab geplant, sondern aus der Situation heraus entstanden, wurde diese Konstellation methodisch aufgegriffen, um die Teilnehmerschaft zu sichern und das Erfahrungsspektrum zu erweitern. Zusätzlich spielten forschungsökonomische Gründe wie Zeitressourcen, Wegstrecken und die Verfügbarkeit der Befragten eine wesentliche Rolle. Theoretisch stützt sich dieses Vorgehen darauf, dass Gruppeninterviews Kommunikationsprozesse initiieren, die einem alltäglichen Gespräch ähneln. Zwar besteht bei Gruppeninterviews bzw. -diskussionen potenziell das Risiko einer Meinungsanpassung durch Gruppendynamik; demgegenüber steht allerdings der Vorteil, dass Aussagen durch die soziale Interaktion häufig deutlicher formuliert und in der Regel reflektierter sind.[22]

Überwiegend fanden die Experteninterviews in Präsenz statt. In sieben Fällen wurde dennoch auf Wunsch der jeweiligen Interviewteilnehmer auf das Videokonferenztool „*Zoom*" ausgewichen, da die organisatorischen, meist dienstlichen Rahmenbedingungen (Dienstzeiten/Schichtdienste) eine Präsenzteilnahme nicht zuließen. Damit eine lockere Gesprächsatmosphäre erreicht werden konnte, ging der tonalen Aufzeichnung der Experteninterviews grundsätzlich ein auflockernder, erklärender Austausch voraus. Für die Tonaufzeichnung wurde auf die mobile Sprachmemo-App „*AudioShare*" zurückgegriffen. Der im Pre-Test erprobte Interviewleitfaden erwies sich dabei als weitgehend tragfähiges Instrument zur Datenerhebung, sodass dieser im Anschluss daran nur punktuell modifiziert wurde. Insgesamt zeigte sich, dass die Interviewteilnehmer Schwierigkeiten hatten, konkrete Verbesserungsvorschläge zu benennen. Um diese Barriere zu überwinden, wurde eine hypothetische Frage zur Optimierung in den Leitfaden aufgenommen.

Wie für das teilnarrative Interview schon im Vorfeld vorgesehen, war die Durchführung der Datenerhebung durch Flexibilität geprägt, d. h. die Reihenfolge der Fragen orientierte sich grundsätzlich am Redefluss des jeweiligen Experten. Themen, die bereits eigeninitiativ zur Sprache kamen, wurden im späteren Verlauf nicht erneut abgefragt, um Redundanzen zu vermeiden. Dies folgt dem methodischen Anspruch, nicht lediglich Vorannahmen oder -wissen bestätigen zu wollen, sondern das Sinnsystem und die subjektive Wahrheit der Interviewteilnehmer zu entfalten.[23] Im direkten Anschluss an jedes Gespräch wurde ein

[22] Vgl. Baur, N./ Blasius, J. (Hrsg.) (2022): Handbuch Methoden der empirischen Sozialforschung, 3. Aufl., Wiesbaden, S. 913–914.

[23] Vgl. Baur, N./ Blasius, J. (Hrsg.) (2022): Handbuch Methoden der empirischen Sozialforschung, 3. Aufl., Wiesbaden, S. 878.

Interviewprotokoll (siehe ESM 3) angelegt, das Teilnehmerdaten, Interviewdauer und den laufenden Code zur Ermöglichung einer späteren Datenlöschung festhielt. Im Sinne der qualitativen Forschungstransparenz sind folgende situative Störfaktoren zu nennen: Zwei Experteninterviews mit Absolventen (A1 und A2) fanden im Rahmen der Dienstzeit der Befragten statt, was zeitweilig zu spürbarem Zeitdruck und Unterbrechungen durch klingelnde Telefone führte. Überdies wurde ein Experteninterview auf Wunsch (P3) im häuslichen Umfeld der Person durchgeführt, was zwischenzeitlich zu leichten akustischen Störungen durch Mitbewohner und Haustiere führte. Ungeachtet dieser Rahmenbedingungen konnte der Authentizitätsanspruch der Interviews gewahrt werden.

3.3.4 Transkription der Interviewaufzeichnungen

Die Aufbereitung des gewonnenen Datenmaterials wurde unmittelbar im Anschluss an die jeweiligen Experteninterviews durchgeführt. Zum Zweck der Ermöglichung einer systematischen Auswertung, wurden die Audioaufzeichnungen in Textform überführt. An dieser Stelle ist zu konstatieren, dass dieser Arbeitsschritt mehr als einen rein technischen Vorgang abbildet. Vielmehr dient er als Grundlage zur weiteren Analyse, da er die soziale Wirklichkeit der Interviewsituation in analysierbaren Text transformiert und so dauerhaft zugänglich macht.[24] Der gesamte Transkriptionsprozess wurde softwaregestützt unter Verwendung von *MAXQDA Analytics Pro*[25] realisiert. Folglich wurde ein effizienter Workflow etabliert, welcher die automatisierten Vorarbeiten mit einer detaillierten manuellen Nachbearbeitung verknüpfte. Zunächst wurden die Audiodateien in die Software importiert und mittels KI-Funktion (*"AI-Assist"*) automatisiert in eine erste Textfassung umgewandelt. In einem Einzelfall (P3), bei dem die Länge der Audiodatei die technischen Import-Kapazitäten von *MAXQDA* überschritt, wurde ergänzend der externe Dienst *„TurboScribe"* genutzt, um das Roh-Transkript zu generieren. So wie dieses dienten allerdings alle automatisiert erstellten Textentwürfe lediglich als Rohfassung, da Transkripte, die auf diese Art generiert werden, oft noch sehr schlicht sind, teilweise Übertragungsfehler enthalten und die schriftliche Erfassung nonverbaler Elemente und Dialekte ein technisches

[24] Vgl. Gras, J./ Schieferdecker, R. (Hrsg.) (2025): Einführung in die Qualitative Sozialforschung, Bad Heilbrunn, S. 224.

[25] Aufgrund aktueller Änderung erscheinen die Anwendungen von *MAXQDA* inzwischen nicht mehr unter Angabe einer Jahresversion. Demnach entspricht die verwendete Version grundsätzlich der aktuellen. Die Datenverarbeitung in der vorliegenden Arbeit fußt auf der Softwareaktualisierung 26.0.0.

Desiderat darstellt.[26] Daher war die eigentliche intellektuelle Leistung der Transkription die detaillierte manuelle Nachbearbeitung der Texte. Im Rahmen dessen wurden sämtliche 15 Interviewtranskripte sequenziell durch den Verfasser vollständig überprüft und korrigiert. Dabei wurde der jeweilige Text satzweise mit der Original-Audiospur abgeglichen, ein essenzieller Schritt, um KI-bedingte Fehler zu berichtigen und die Interpunktion sinngemäß zu setzen.[27]

Unter der Prämisse, eine konsistente Datenqualität sicherzustellen, wurde ein spezifisches Regelwerk definiert. Hierbei wurde berücksichtigt, dass die Transkription bereits als *„erster Schritt der Interpretation"* zu begreifen ist, bei dem durch das *„methodisch reflektierte Weglassen"* irrelevanter Elemente, wie z. B. Stottern, Husten oder *„Ähs"* der Fokus auf das Wesentliche gelenkt wird.[28] Besagtes Regelwerk orientiert sich daher an den einfachen Transkriptionsregeln nach Kuckartz und zielt auf eine leichte Glättung des Sprachflusses ab, um die Lesbarkeit zu optimieren, ohne die inhaltliche Substanz zu verändern.[29] In Abbildung 3.2 sind die angewandten einfachen Transkriptionsregeln übersichtlich dargestellt. Überdies wird darauf hingewiesen, dass während der Bearbeitungszeit in *MAXQDA* Zeitmarken verwendet wurden, um konkrete Textpassagen effizient mit der Audiospur synchronisieren zu können. Für die finale Darstellung der Transkripte im elektronischen Zusatzmaterial wurden diese Zeitmarken jedoch entfernt, um den Lesefluss der Dokumente nicht zu beeinträchtigen (siehe ESM 4). Die so finalisierten, anonymisierten und bereinigten Texte wurden anschließend exportiert und bilden die Materialbasis für die im folgenden Kapitel beschriebene Qualitative Inhaltsanalyse.

---

[26] Vgl. Baur, N./ Blasius, J. (Hrsg.) (2022): Handbuch Methoden der empirischen Sozialforschung, 3. Aufl., Wiesbaden, S. 505.

[27] Vgl. Kuckartz, U./ Rädiker, S. (2024): Fokussierte Inhaltsanalyse mit MAXQDA, 2. Aufl., Wiesbaden, S. 4.

[28] Vgl. Gras, J./ Schieferdecker, R. (Hrsg.) (2025): Einführung in die Qualitative Sozialforschung, Bad Heilbrunn, S. 225.

[29] Vgl. Kuckartz, U./ Rädiker, S. (2024): Qualitative Inhaltsanalyse, Methoden, Praxis, Umsetzung mit Software und künstlicher Intelligenz, 6. Aufl., Weinheim/Basel, S. 200; Vgl. Kuckartz, U./ Rädiker, S. (2024): Fokussierte Inhaltsanalyse mit MAXQDA, 2. Aufl., Wiesbaden, S. 2–3; Vgl. Baur, N./ Blasius, J. (Hrsg.) (2022): Handbuch Methoden der empirischen Sozialforschung, 3. Aufl., Wiesbaden, S. 510.

Sprecherkennzeichnung
Jeder Sprechbeitrag erfolgt in einem neuen Absatz. Der Interviewer wird mit „I" gekennzeichnet, die Befragten mit ihrem individuell zugewiesenen Pseudonym (z. B. „*A1*", „*A2*"..., „*P1*", „*P2*"...etc.), wobei die Kürzel zur besseren Erkennbarkeit fett gesetzt werden.
Ausdruck und Glättung
Die Transkription erfolgt wörtlich, nicht zusammenfassend. Zur besseren Les- und Auswertbarkeit werden Dialekte ins Hochdeutsche übertragen. Grammatikalische Inkonsistenzen (z. B. bei doppelten Artikeln oder Satzanfänger, wie *„wenn die...die, wenn die"* oder *„Die müssen ja...äh...müssen ja..."* werden behutsam korrigiert, sofern die inhaltliche Botschaft davon unberührt bleibt.
Pausenkennzeichnung
Zur Vereinfachung werden Pausenlängen wie folgt unterschieden: Pausen unter drei Sekunden werden mit *„(..)"* markiert, längere Pausen über drei Sekunden mit *„(...)"*
Sprachliche Interventionen
Bestätigende Laute des Interviewers (z. B. *„mhm"*, *„ja"*), die den Redefluss nicht unterbrechen, werden nicht transkribiert, um den Lesefluss nicht zu stören. Kurze Einwürfe werden ggf. als eigene Zeile verfasst.
Nonverbale Elemente
Auf die Transkription von nonverbalen Aktivitäten (z. B. Lachen, Stöhnen, Niesen, Husten) wird verzichtet.
Betonung und Unverständlichkeit
Besonders betonte Begriffe werden im Text unterstrichen. Lautes Sprechen wird durch Großbuchstaben kenntlich gemacht. Nicht eindeutig identifizierbare Wörter werden in Klammern mit Fragezeichen, wie z. B. *„(Ausbildung)?"*, gänzlich unverständliche Textpassagen mit *„(unv.)"* gekennzeichnet.

Abbildung 3.2 Angewandte Transkriptionsregeln. (**Quelle:** Eigene Darstellung)

3.3.5 Qualitative Inhaltsanalyse nach Kuckartz

Systematisch ausgewertet wurde das gewonnene Datenmaterial unter Anwendung der *inhaltlich strukturierenden qualitativen Inhaltsanalyse* nach Kuckartz, ein Verfahren, das als Weiterentwicklung der klassischen Ansätze von Mayring zu verstehen ist und für die vorliegende Untersuchung ausgewählt wurde, weil sie sich in besonderem Maße für die Kombination deduktiver und induktiver Kategorienbildung eignet. Im Gegensatz zu den klassischen Verfahren, welche die deduktive und induktive Bildung oft als getrennte Prozedur behandeln, integriert Kuckartz diese in einen mehrstufigen, iterativ-zyklischen Arbeitsprozess. Dies erschien für das Forschungsvorhaben als am zweckmäßigsten, um einerseits die theoretischen Vorannahmen des Interviewleitfadens abzubilden und andererseits offen für neue, aus dem Textmaterial emergierende Themen zu bleiben.[30] Das zentrale Analyseinstrumentarium bildet das Kategoriensystem, dessen Kategorien hierbei als konstitutives Instrument zur Klassifizierung, Reduzierung und Abstrahierung der Daten fungieren. Kategorien tragen demzufolge maßgeblich zu einer systematischen Erschließung und Erklärung des Materials bei.[31] Ein solches kategoriengeleitetes Vorgehen gilt als zentrales Unterscheidungskriterium gegenüber anderen Textanalysemethoden.[32] Das für die vorliegende Arbeit entwickelte Kategoriensystem folgt einer deduktiv-induktiven Mischform und verknüpft in Anlehnung an Kuckartz folgende verschiedene Kategorienarten:

- *Thematische Kategorien* strukturieren die zentralen inhaltlichen Dimensionen der Pflegeausbildung (z. B. Lernorte, Rahmenbedingungen),
- *Evaluative Kategorien* dienen dazu, subjektive Bewertungen der Generalistik (z. B. Chancen und Risiken) differenziert zu erfassen,
- *Analytische Kategorien* kommen zum Einsatz, um komplexere theoretische Konstrukte, wie den Theorie-Praxis-Transfer oder spezifische Belastungsmuster aus dem Datenmaterial zu extrahieren.[33]

Für die operative Umsetzung der Datenanalyse wurde – wie bei der Transkription zuvor – erneut die QDA-Software *MAXQDA Analytics Pro* zur Anwendung gebracht. Sie fungierte dabei primär als Werkzeug zur Strukturierung und Verwaltung der Transkriptionstexte sowie des umfangreichen Kategoriensystems. Durchgeführt wurde die Analyse entlang der von Kuckartz und Rädiker

[30] Vgl. Kuckartz, U./ Rädiker, S. (2024): Qualitative Inhaltsanalyse, Methoden, Praxis, Umsetzung mit Software und künstlicher Intelligenz, 6. Aufl., Weinheim/Basel, S. 104–105, S. 129–156.

[31] Vgl. Kuckartz, U./ Rädiker, S. (2024): Fokussierte Inhaltsanalyse mit MAXQDA, 2. Aufl., Wiesbaden, S. 27.

[32] Vgl. Baur, N./ Blasius, J. (Hrsg.) (2022): Handbuch Methoden der empirischen Sozialforschung, 3. Aufl., Wiesbaden, S. 692.

[33] Vgl. Kuckartz, U./ Rädiker, S. (2024): Fokussierte Inhaltsanalyse mit MAXQDA, 2. Aufl., Wiesbaden, S. 28; Vgl. Rädiker, S./ Kuckartz, U. (2019): Analyse qualitativer Daten mit *MAXQDA*, Wiesbaden, S. 68; Vgl. Kuckartz, U./ Rädiker, S. (2024): Qualitative Inhaltsanalyse, Methoden, Praxis, Umsetzung mit Software und künstlicher Intelligenz, 6. Aufl., Weinheim/Basel, S. 56.

beschriebenen sieben Phasen der inhaltlich strukturierenden qualitativen Inhaltsanalyse (siehe Abbildung 3.3); die Umsetzung vollzog sich in drei wesentlichen Iterationsschleifen.

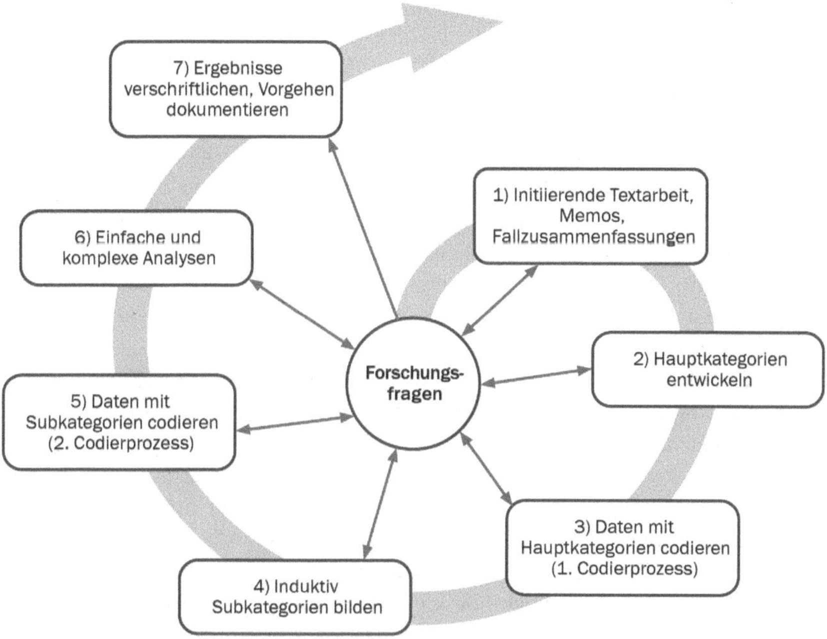

Abbildung 3.3 Sieben-Phasen-Prozessschema nach Kuckartz & Rädiker. (**Quelle:** Vgl. Kuckartz, U./ Rädiker, S. (2024): Qualitative Inhaltsanalyse, Methoden, Praxis, Umsetzung mit Software und künstlicher Intelligenz, 6. Aufl., Weinheim/Basel, S. 132)

Zunächst wurden sämtliche Transkripte, einschließlich des Pre-Test-Interviews, einer intensiven Lektüre unterzogen, um ein ganzheitliches Fallverständnis zu entwickeln und wichtige Passagen explorativ zu markieren. Im ersten Kodierdurchgang erfolgte die Basiskodierung auf Grundlage von fünf Hauptkategorien, welche deduktiv aus den drei Teilforschungsfragen und dem Interviewleitfaden abgeleitet wurden. Diese Hauptkategorien dienten als ordnende

Struktur bzw. *„Container“* zum Zweck der thematischen Vorsortierung, ohne bereits eine Feindifferenzierung vorzunehmen (erste Iteration).[34]

Als weiterführender Schritt wurde ein integratives Analyseverfahren gewählt, indem mithilfe von *AI-Assist* Vorschläge zur Zuordnung von Textsegmenten zu den Hauptkategorien generiert wurden. Allerdings wurden diese automatisierten Vorschläge keinesfalls ungeprüft übernommen; die finale Entscheidung über die Zuordnung, die Interpretation der Inhalte sowie die Grenzziehung der Kategorien oblag in jedem Schritt der analytischen Reflexion des Verfassers. Folglich wirkte die KI in diesem Zusammenhang als heuristisches Hilfsmittel, um thematische Muster effizienter zu identifizieren, während die validierende Instanz stets menschlich blieb. Anhand des so vorsortierten Materials fand die erste induktive Integration statt. Die den Hauptkategorien zugeordneten Textstellen wurden unter Zuhilfenahme von Memos inhaltlich erschlossen und am Textmaterial zu 21 Subkategorien auf zweiter Ebene verdichtet (zweite Iteration). Im Zuge dieser Prozessphase wurden die übergeordneten Hauptkategorien geleert und fortan rein als Ordnungssystem gebraucht.[35]

Aufgrund der hohen Dichte des Datenmaterials und der Vielzahl generierter Codes (insgesamt 1.100 Kodierungen) erwies sich eine weitere Ausdifferenzierung als notwendig, um eine entsprechende Übersichtlichkeit herzustellen. In einer weiteren Iterationsschleife wurde deshalb eine dritte Ebene mit 25 Subkategorien wiederholt induktiv am Material gebildet. Dieser Schritt diente dem analytischen Feinschliff, um spezifische Nuancen innerhalb der Subkategorien herauszuarbeiten. Für die spätere Darstellung der Ergebnisse (siehe Kapitel 4) bilden vordergründig die Kategorien der zweiten Ebene den Bezugspunkt, während die erste Ebene als übergeordnete Ordnungsstruktur fungiert. Die Codes der dritten Ebene, die für das tiefere Verständnis der Zusammenhänge essenziell waren, wurden für die Berichterstattung – wo es der Datendichte oder der Übersichtlichkeit dienlich war – wieder sinnvoll unter den Kategorien der zweiten Ebene aggregiert.

Zur Sicherung der Güte der Analyse wurde parallel zur Kategorienbildung ein *Kodierleitfaden* entwickelt und fortlaufend angepasst (siehe ESM 5). Demnach wurde für jede Kategorie bzw. Subkategorie eine explizite Definition, Abgrenzungskriterien sowie typische Ankerbeispiele aus dem Material festgelegt. Auf diese Weise werden die Eindeutigkeit und Trennschärfe der Kategorien

[34] Vgl. Kuckartz, U./ Rädiker, S. (2024): Fokussierte Inhaltsanalyse mit MAXQDA, 2. Aufl., Wiesbaden, S. 29.

[35] Vgl. Kuckartz, U./ Rädiker, S. (2024): Qualitative Inhaltsanalyse, Methoden, Praxis, Umsetzung mit Software und künstlicher Intelligenz, 6. Aufl., Weinheim/Basel, S. 57.

und somit die Güte des Kategoriensystems gewährleistet.[36] Bei der Öffnung jeder neuen Kategorie-Ebene wurde dieser Leitfaden sukzessive abgeglichen und erweitert. Auf eine Zweitkodierung durch eine weitere Person wurde unter Berücksichtigung der Forschungsökonomie verzichtet. Stattdessen wurde die interne Konsistenz durch die mehrfachen Iterationsschleifen und die hybride Überprüfung (KI-Vorschläge und menschliche Bewertung) gesichert. Dies entspricht Kuckartz' Empfehlung, der bei überschaubaren Kategoriensystemen den

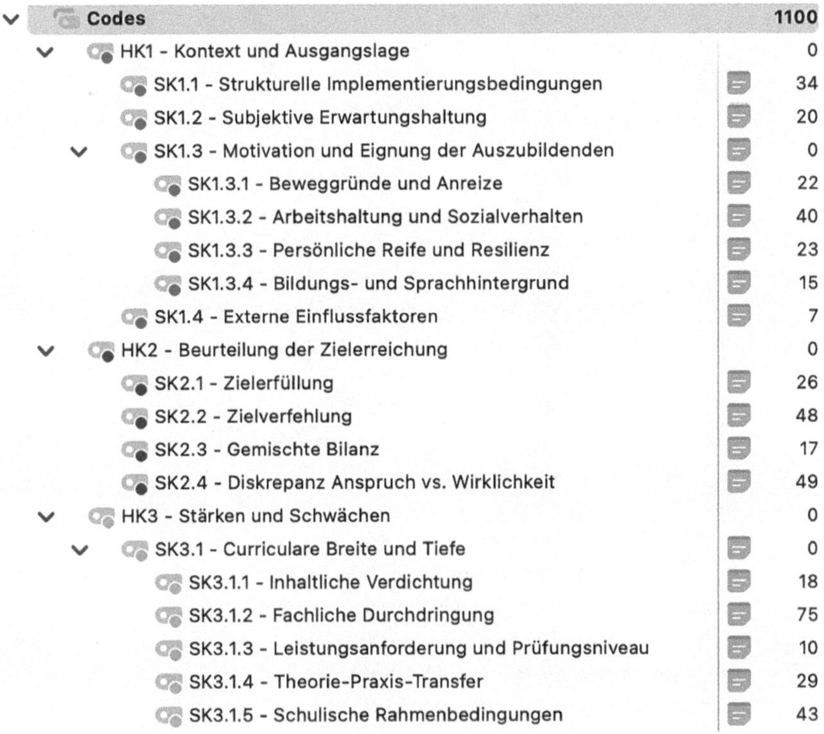

Abbildung 3.4 Kategoriensystem nach 3. Iteration. (**Quelle:** Eigene Darstellung (erstellt mit *MAXQDA*))

---

[36] Vgl. Kuckartz, U./ Rädiker, S. (2024): Fokussierte Inhaltsanalyse mit MAXQDA, 2. Aufl., Wiesbaden, S. 36–37.

Code	Anzahl
SK3.2 - Ressourcen und Qualität der Praxisanleitung	0
SK3.2.1 - Personelle Ressourcen und Zeitmangel	47
HK3.2.2 - Pädagogische Qualifikation und Interaktion	38
SK3.2.3 - Organisatorische Rahmenbedingungen	45
SK3.2.4 - Dokumentation und Nachweisführung	12
SK3.3 - Organisation und Kontinuität der Praxiseinsätze	0
SK3.3.1- Dauer und Kontinuität	27
SK3.3.2 - Koordination und Einsatzplanung	47
SK3.4 - Berufliches Profil und externe Wahrnehmung	0
SK3.4.1 - Generalistik und Spezialisierung	58
SK3.4.2 - Interne Statuskonflikte	33
SK3.4.3 - Gesellschaftliches Image	29
SK3.4.4 - EU-Anerkennung und Mobilität	7
SK3.5 - Dokumentation und administrativer Aufwand	42
SK3.6 - Finanzielle Rahmenbedingungen	16
HK4 - Optimierungspotenziale	0
SK4.1 - Curriculare und didaktische Modifikationen	0
SK4.1.1 - Inhaltliche Vertiefung und Spezialisierung	42
SK4.1.2 - Didaktik und Lernumgebung	13
SK4.2 - Optimierung des Theorie-Praxis-Transfers	23
SK4.3 - Ressourcen und Anreize für die Praxis	11
SK4.4 - Berufsbild und externe Kommunikation	16
HK5 - Handlungsempfehlungen	0
SK5.1 - Apelle an Politik/Gesetzgebung	0
SK5.1.1 - Curriculum und Ausbildungsdesign	36
SK5.1.2 - Professionalisierung und Zugang	13
SK5.1.3 - Personalschlüssel und Arbeitsbedingungen	9
SK5.1.4 - Finanzierung und Investitionen	8
SK5.2 - Appelle an Träger/Arbeitgeber	41
SK5.3 - Appelle an Pflegeschulen/Bildungsakteure	11

Abbildung 3.4 (Fortsetzung)

Verzicht auf Zweitkodierungen als legitim erachtet, sofern das verwendete Regelwerk präzise definiert ist.[37] Der gesamte Analyseprozess gründete auf dem Grundsatz der Zirkularität, also auf Basis der Überzeugung, dass sich bei der Beschreibung sozialer Wirklichkeit einem Ergebnis nur schrittweise angenähert werden kann, wobei die Annäherung eine theoretische Sättigung der Interpretation als Zielpunkt anstrebt, an dem durch die Einbeziehung weiterer Daten keine wesentlichen neuen Erkenntnisse mehr zu erwarten sind.[38] Insgesamt konstituiert sich das finale Kategoriensystem aus fünf Hauptkategorien, 21 Subkategorien auf der zweiten sowie 25 Subkategorien auf der dritten Ebene (siehe Abbildung 3.4).

Mit dem Ziel, dem Leser einen erleichterten Zugang zu den zentralen Aussagen und der Kodierungsstruktur zu ermöglichen, wurde eine detaillierte *Codeübersicht* erstellt, welche im elektronischen Zusatzmaterial eingesehen werden kann (siehe ESM 6).

---

[37] Vgl. Kuckartz, U./ Rädiker, S. (2024): Fokussierte Inhaltsanalyse mit MAXQDA, 2. Aufl., Wiesbaden, S. 36–37.

[38] Vgl. Gras, J./ Schieferdecker, R. (Hrsg.) (2025): Einführung in die Qualitative Sozialforschung, Bad Heilbrunn, S. 20.

Darstellung der Forschungsergebnisse 4

Das vierte Kapitel präsentiert die empirischen Befunde der Experteninterviews. Dabei folgt die Darstellung der methodischen Zielsetzung, keine rein deskriptive Wiedergabe zu liefern, sondern eine systematische Rekonstruktion der sozialen Wirklichkeit der Interviewteilnehmer vorzunehmen. Im Mittelpunkt der Ergebnispräsentation steht eine plausible Argumentationslinie, die durch prägnante Originalzitate empirisch gestützt wird.[1] Diese Zitate dienen laut Kuckartz und Rädiker als illustrative Belege, welche die gebildeten Kategorien authentisch untermauern und die Interpretationen für den Leser validieren.[2] In seiner Gliederung orientiert sich der Abschnitt an der Logik der in Abschnitt 3.3.5 erläuterten Inhaltsanalyse und spiegelt den deduktiv-induktiven Analyseprozess wider. Inhaltlich korrespondiert der Aufbau mit den in Abschnitt 1.3 formulierten Teilforschungsfragen, deren Beantwortung im weiteren Verlauf schrittweise hergeleitet wird.

Einleitend widmet sich Abschnitt 4.1 den individuellen Dispositionen der Interviewteilnehmer, um deren Aussagen vor dem Hintergrund ihrer jeweiligen beruflichen Realität verortbar zu machen. Anschließend arbeitet Abschnitt 4.2 den Zielerreichungsgrad heraus, indem es den theoretischen Anspruch an die generalistische Pflegeausbildung mit der erlebten Realität der Befragten abgleicht. Einen weiteren Schwerpunkt markiert Abschnitt 4.3, welches die spezifischen Stärken und Schwächen der Pflegeausbildung analysiert sowie vorhandene Optimierungspotenziale identifiziert. Den Abschluss bildet Abschnitt 4.4 mit konkreten Handlungsempfehlungen aus Expertensicht, welche sowohl Maßnahmen für die

[1] Vgl. Baur, N./ Blasius, J. (Hrsg.) (2022): Handbuch Methoden der empirischen Sozialforschung, 3. Aufl., Wiesbaden, S. 302.

[2] Vgl. Kuckartz, U./ Rädiker, S. (2024): Fokussierte Inhaltsanalyse mit MAXQDA, 2. Aufl., Wiesbaden, S. 116–117.

M. Gotter, *Die generalistische Pflegeausbildung zwischen Anspruch und Wirklichkeit*, BestMasters, https://doi.org/10.1007/978-3-658-52369-5_4

curriculare Ausgestaltung als auch für die praktische Ausbildung umfassen. Auf diese Weise spannt das vorliegende Kapitel einen inhaltlichen Bogen von der allgemeinen Bestandsaufnahme über die Detailanalyse bis hin zu konstruktiven Lösungsansätzen.

4.1 Ausgangslage und Erwartungshaltung

Im Folgenden werden die spezifischen Startbedingungen, unter denen die generalistische Berufsausbildung zur Pflegefachperson in Sachsen-Anhalt eingeführt wurde, beleuchtet. Die Analyse fußt auf der Hauptkategorie *„HK1 – Kontext und Ausgangslage"* und differenziert dabei nach den *„strukturellen Implementierungsbedingungen"* (SK 1.1), *der „subjektiven Erwartungshaltung"* der Akteure (SK 1.2), der *„Motivation und Eignung der Auszubildenden"* (SK 1.3) sowie *„externen Einflussfaktoren"* (SK 1.4). Abbildung 4.1 visualisiert zunächst die quantitative Gewichtung dieser Themenfelder im gesamten Datenmaterial. Aufgezeigt ist der prozentuale Anteil der Kodierungen, die auf die jeweiligen Subkategorien der zweiten Ebene entfallen, aggregiert über alle befragten Experten.

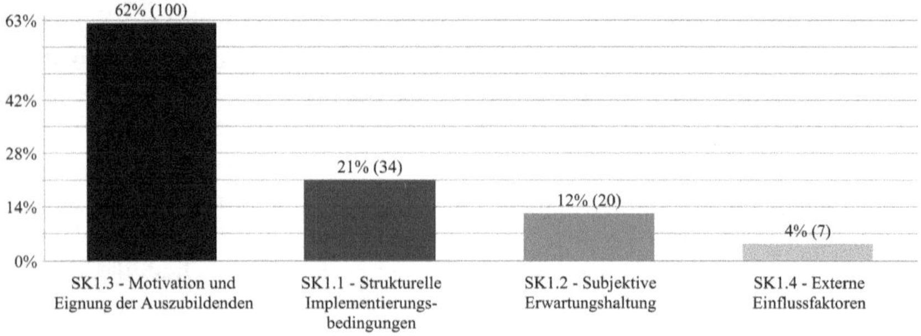

Abbildung 4.1 HK1 – Kontext und Ausgangslage (Codehäufigkeiten). (**Quelle:** Eigene Darstellung (erstellt mit *MAXQDA*))

Die Grafik verdeutlicht eine eindeutige Dominanz der Thematik Motivation und Eignung der Auszubildenden (SK 1.3) sowie der strukturellen Implementierungsbedingungen (SK 1.1). Folglich fokussieren sich die Aussagen der Interviewteilnehmer zum Reformstart vordergründig auf organisatorische Hürden und die individuellen Lernvoraussetzungen, während inhaltliche Erwartungen (SK 1.2) oder externe Faktoren (SK 1.4) einen geringeren Anteil an den Nennungen einnehmen. Anhand der folgenden qualitativen Analyse werden die Themenschwerpunkte aus der Binnenperspektive der drei Akteursgruppen aufgeschlüsselt und die erlebte Realität zum Zeitpunkt der Reformeinführung im Jahr 2020 im Detail expliziert.

4.1.1 Perspektive der Absolventen

Aus der Retrospektive der Absolventen, welche die Einführung der Generalistik als einer der ersten Jahrgänge durchliefen, gleicht der Reformstart einem fragilen Systemwechsel. In der Auseinandersetzung mit den strukturellen Implementierungsbedingungen (SK1.1) dominiert das Erleben von Desorientierung. Bezeichnend für die Anfangsphase ist, dass die organisatorischen Abläufe von der deutlichen Mehrheit der Befragten (5 von 6 Absolventen) als *„unstrukturiert"* oder *„sehr holprig"* charakterisiert werden.[3] Begründet liegt dieser Eindruck vornehmlich darin, dass die Bildungsträger zum Zeitpunkt der Reformeinführung noch keine gefestigten Konzepte vorweisen konnten. Es herrschte bei den Absolventen das Gefühl vor, Teil eines Experiments zu sein, auf das die Pflegeschulen noch nicht vollständig vorbereitet waren. Absolvent A3 beschreibt diesen Zustand der Unvollkommenheit und den damit verbundenen Druck auf das Gesamtsystem sehr plastisch:

> *„Dass die eigentlich wahrscheinlich noch gar nicht ready waren und gesagt haben: ‚Okay, jetzt ist es schon stark genug, wir müssen anfangen und während wir ausbilden, die Ausbildung machen', nebenbei noch strukturieren [...]. Gott, das war verrückt."*[4]

In der Konsequenz gestaltete sich der Ausbildungsalltag durch *„viel Improvisation"*.[5] Interessanterweise wird dieses Defizit nicht von allen Interviewteilnehmern dieser Akteursgruppe ausschließlich negativ bewertet. Eine Einzelstimme (A1) deutet die Situation als einen Prozess des gemeinsamen Lernens, bei dem man zusammen mit den Lehrern in die neuen Anforderungen *„reingewachsen"*[6] sei. Erschwert wurde die strukturelle Unsicherheit allerdings durch die mangelnde

[3] Die einschlägigen Aussagen sind den jeweiligen Interviewtranskripten im elektronischen Zusatzmaterial zu entnehmen, Vgl. Interview A2, Pos. 2, S. 1; Vgl. Interview A3, Pos. 6, S. 1–2; Vgl. Interview A4, Pos. 20, S. 3–4; Vgl. Interview A5, Pos. 4–6, S. 2; Vgl. Interview A6, Pos. 46, S. 13.

[4] Interview A3, Pos. 78, S. 17–18.

[5] Vgl. Interview A6, Pos. 46, S. 13.

[6] Vgl. Interview A1, Pos. 21–22, S. 4.

Verzahnung mit der betrieblichen Praxis. So wird von Praxisanleitern berichtet, die aufgrund fehlender Informationen kaum Handlungsspielraum hatten und *„mit der Gesamtsituation einfach unzufrieden"*[7] wirkten. Ausdrücklich wird dieses Informationsvakuum von A6 geschildert:

> *„Dass die Praxisanleiter vor diesem neuen Konstrukt, einer neuen Pflegeausbildung standen und nichts wussten. Das war dann [..] viel Eigeninitiative."*[8]

Hinsichtlich der subjektiven Erwartungshaltung (SK1.2) zeigt sich eine Diskrepanz zwischen dem theoretischen Anspruch der Berufsreform und der erlebten Realität. Während einige Absolventen die Pflegeausbildung ohne konkrete Erwartungen antraten (2 von 6 Absolventen)[9], hofften andere, durch die Generalistik einen *„allumfassenden Blick über alle Themenbereiche"*[10] zu erhalten. Diese Erwartung an eine Professionalisierung wurde jedoch zuweilen enttäuscht (3 von 6 Absolventen)[11], da die curriculare Umsetzung als lückenhaft empfunden wurde und die Sorge bestand, ob das neue System *„wirklich schon durchdacht"*[12] sei.

Einen breiten Raum nimmt in den Befragungen zudem die Reflexion über die Motivation und Eignung der eigenen Peer-Gruppe ein. Kritisch beobachtet wird ein Wandel der Arbeitshaltung. Demgemäß thematisiert die Hälfte der Absolventen eine sinkende Leistungsbereitschaft, wobei der Begriff der *„Work-Life-Balance"* hierfür mehrfach als Chiffre dient.[13] Zudem wird moniert, dass Bewerber in das Berufsfeld strömen, denen teilweise die Kompetenz fehle, Sachverhalte *„kritisch (zu) hinterfragen"*[14]. Ergänzend hierzu bemängelt Absolvent A6 defizitäre Umgangsformen im Praxisalltag und benennt dies als fehlende *„soziale Intelligenz"*[15], wenn es darum geht, sich in neue Teams zu integrieren. Für die allgemeine Anspruchshaltung nachfolgender Generationen, bei denen der Fokus auf Freizeit den beruflichen Ethos zu verdrängen scheint, findet A6 drastische Worte:

---

[7] Vgl. Interview A6, Pos. 46, S. 13; Vgl. Interview A4, Pos. 54, S. 10.

[8] Interview A6, Pos. 90, S. 24.

[9] Vgl. Interview A2, Pos. 20, S. 3–4; Vgl. Interview A3, Pos. 4, S. 1.

[10] Vgl. Interview A6, Pos. 12, S. 3–4.

[11] Vgl. Interview A3, Pos. 78, S. 17–18; Vgl. Interview A5, Pos. 2, S. 1; Vgl. Interview A6, Pos. 12, S. 3–4.

[12] Vgl. Interview A3, Pos. 4, S. 1.

[13] Vgl. Interview A2, Pos. 78, S. 10; Vgl. Interview A3, Pos. 70, S. 16; Vgl. Interview A6, Pos. 94, S. 25.

[14] Vgl. Interview A6, Pos. 10, S. 3.

[15] Vgl. Interview A6, Pos. 6, S. 2.

> *„Ich denke das ist so ein Fass ohne Boden, weil sich immer mehr junge Leute nach einer Work-Life-Balance sehnen. […] Aber das ist ja auch wie so ein schwarzes Loch. Das verschwindet irgendwann im Nichts und irgendwer muss es ja auch finanzieren.“*[16]

Zusätzlich belastet wurde der Start der Pflegeausbildung durch externe Faktoren (SK1.4) wie die Corona-Pandemie, die laut Aussagen von zwei Absolventen zu spürbaren Einschränkungen im Ablauf, insbesondere durch Unterrichtsausfälle und technische Hürden bis hin zu abgebrochenen Praxiseinsätzen führte.[17] In Summe beschreiben die Absolventen eine doppelte Krisenerfahrung, da sie sich mit einem unfertigen System konfrontiert sahen und sich zeitgleich in einer heterogenen Lerngruppe mit teils herausfordernder Arbeitsmoral zu behaupten hatten.

4.1.2 Perspektive der Praxisanleiter

Im Gegensatz zu den Absolventen, die den Start der neuen Pflegeausbildung in erster Linie als Lernende erlebten, schildern die Praxisanleiter den Neubeginn aus der Perspektive der Umsetzungsverantwortung. Ihre Wahrnehmung ist von einem massiven Handlungsdruck bei gleichzeitig fehlendem Instrumentarium determiniert. In Bezug auf die strukturellen Implementierungsbedingungen (SK1.1) wird die Berufsreform weniger als pädagogischer Aufbruch, sondern als administrativer Kraftakt wahrgenommen, welcher die Basis weitgehend unvorbereitet traf. Übereinstimmend charakterisiert die Mehrheit der Experten (3 von 4 Praxisanleitern) die Einführungsphase als Zustand der Desorganisation, der mit Begriffen wie *„absolutes Chaos“*[18], *„großes Chaos“*[19] oder *„recht chaotisch“*[20] belegt wird. P1 beklagt hierbei weniger das Konzept an sich, als vielmehr den Modus der Einführung, der als *„top-down“*-Prozess ohne ausreichende Befähigung der Akteure erlebt wurde:

> *„Es wurde beschlossen und wir mussten es durchführen. Es war sehr schwierig, weil ich hätte mir auch gewünscht, dass wir als Praxisanleiter […] in diese Ausbildung auch besser eingeführt werden.“*[21]

[16] Interview A6, Pos. 94, S. 25.

[17] Vgl. Interview A3, Pos. 6, Pos. 8, S. 1–2; Vgl. Interview A6, Pos. 30, S. 8.

[18] Vgl. Interview P2, Pos. 18, S. 3.

[19] Vgl. Interview P4, Pos. 18, S. 5–6.

[20] Vgl. Interview P3, Pos. 30, S. 10–11.

[21] Vgl. Interview P1, Pos. 10, S. 2–3.

Anstatt sich auf die pädagogische Begleitung konzentrieren zu können, erleben die Praxisanleiter zuweilen eine zunehmende Bürokratisierung ihrer Tätigkeit. So skizziert P2 diesen Sachverhalt in Bezug auf die neuen Kompetenzraster eindrücklich als Überforderung, da der Arbeitsalltag plötzlich *„nur noch aus Schreibkram"* bestanden habe:

> *„Ich musste da selber erstmal reinwachsen. Das war für mich das absolute Chaos, weil ja alles, ja alles bestand nur noch aus Schreibkram. Die kamen auf einmal nicht mehr mit zwei Formularen, sondern mit 20. Und da musstest du dich erstmal in diese Kompetenzbereiche einfuchsen und das war der pure Stress."*[22]

Die subjektive Erwartungshaltung der Praxisanleiter war – soweit sie explizit geäußert wurde – von Skepsis dominiert. P2 formulierte die damalige Prognose, die das Scheitern der Berufsreform aufgrund der inhaltlichen Komprimierung vorwegnahm: *„Meine Erwartung war, dass das nur ein Flop werden kann [...]"*.[23] Andere Stimmen waren zunächst abwartend, sahen sich jedoch durch die Realität bestätigt, dass die Netzwerke und Kooperationen anfangs kaum tragfähig waren.[24]

Ein signifikantes Spannungsfeld identifizieren die Praxisanleiter in der Motivation und Eignung der (ehemaligen) Auszubildenden, wobei sich hier ein deutlicher Generationenkonflikt offenbart. Ausnahmslos thematisierten die Praxisanleiter Probleme mit der Arbeitshaltung, der Resilienz oder der Ernsthaftigkeit der neuen Generation. Von P4 wird eine Anspruchshaltung angemahnt, die die *„Work-Life-Balance"* über berufliche Erfordernisse stellt, indem Schichtdienste oder Wochenendarbeit zunehmend abgelehnt würden.[25] Diese Wahrnehmung wird von P2 gestützt; es wird geschätzt, dass nur ein geringer Teil von 20 % der heutigen Auszubildenden die Ausbildung wirklich ernst nehme.[26] Ferner wird die mangelnde Lebenspraxis der oft sehr jungen Schulabgänger problematisiert. Vor diesem Hintergrund wird die fehlende Reife für den Pflegealltag von P2 pointiert zugespitzt:

> *„Zumindest manche wissen noch nicht mal, wie man einen Apfel schneidet. Da gehe ich dann einfach aus dem Raum."*[27]

---

[22] Vgl. Interview P2, Pos. 18, S. 3.

[23] Vgl. Interview P2, Pos. 6, S. 1.

[24] Vgl. Interview P4, Pos. 4, S. 3.

[25] Vgl. Interview P4, Pos. 40, S. 12.

[26] Vgl. Interview P2, Pos. 60, S. 10.

[27] Interview P2, Pos. 98, S. 16.

Des Weiteren eröffnet sich ein weiteres Handlungsfeld in Anbetracht der sprachlichen Heterogenität. Während P4 schildert, dass Auszubildende u. a. deshalb scheitern, *„weil die sprachliche Barriere einfach zu groß war"*[28], differenziert P1 das Bild. Hierbei wird hervorgehoben, dass bestimmte Gruppen, etwa Auszubildende mit vietnamesischem oder irakischem Hintergrund, als *„superfleißige Kräfte"*[29] erlebt werden, wenngleich die sprachliche Hürde eine Herausforderung bleibt.

Zusammenfassend assoziieren die Praxisanleiter den Start der generalistischen Pflegeausbildung mit einer erheblichen Doppelbelastung, welche sich in ihrer Struktur mit der geschilderten Krisenerfahrung der Absolventen deckt, allerdings aus der Perspektive der Verantwortung erfahren wurde. Auf der einen Seite fühlten sie sich durch die gestiegene administrative Überforderung der unzureichenden Ausbildungsstrukturen unter Druck gesetzt; andererseits mussten sie eine Bewerbergeneration auffangen, deren Betreuungsbedarf im verdichteten Arbeitsalltag mit altbewährten Methoden kaum zu leisten war.

4.1.3 Perspektive der Schulleiter und Lehrer

Für die pädagogischen Akteure[30] markierte der Ausbildungsbeginn 2020 eine Zäsur, die in der Rückschau weniger als koordinierter Übergang, sondern vielmehr als abruptes *„Reset"* ausgeführt wurde. Folglich gleichen die strukturellen Implementierungsbedingungen (SK1.1) in den Schilderungen einer *„Stunde Null"*, da bewährte curriculare Fundamente nicht adaptiert werden konnten und somit vollständig neu entworfen werden mussten. L6 zieht einen Vergleich zu früheren Reformprozessen:

[28] Interview P4, Pos. 50, S. 14.

[29] Interview P1, Pos. 80–84, S. 19–20.

[30] Zugunsten einer besseren Lesbarkeit wird im Folgenden auf die Nennung der Bezeichnung *„Schulleiter und Lehrer"* verzichtet. Stattdessen werden die pädagogischen Akteure zusammenfassend unter dem Begriff der *„Lehrer"* subsumiert.

„Das war im Vergleich zu den vorhergehenden Wechseln […] Welten dazwischen. Dort konnte man aufbauen, aber hier wurde wirklich alles auf null gesetzt.“[31]

Hinzu kam eine enorme zeitliche Dringlichkeit, die geordnete Vorbereitungsprozesse nahezu unmöglich machte. Hinsichtlich dessen erklären L1 und L2, dass der Landeslehrplan Sachsen-Anhalt erst drei Monate vor Ausbildungsbeginn vorlag, was das Kollegium dazu zwang, *„aus der Not heraus innerhalb kürzester Zeit ein komplett neues Curriculum (zu) erschaffen“*.[32] Angesichts dieser hastigen Implementierung wurde ein überwältigendes Gefühl erzeugt, wie L7 metaphorisch umschreibt. Demnach sei die Einführung wie ein *„Stein, der ganz oben am Berg losgeworfen wird“* gewesen, der unaufhaltsam ins Tal rollt und die Basis ohne klare Orientierung zurücklässt, da bis zuletzt Unklarheit über Dokumentationspflichten und Prüfungsvoraussetzungen geherrscht habe.[33]

Anders als bei der diffusen eingänglichen Erwartungshaltung der Absolventen oder der dominierenden Skepsis der Praxisanleiter war der Blick auf die Reformziele und Erwartungen bei den Lehrern von einer fachdidaktischen Ambivalenz geprägt. Zunächst überwog die Hoffnung auf Professionalisierung. So fieberten L1 und L2 der neuen Ausbildungsform entgegen, in der expliziten Erwartung, endlich *„mehr Medizinfachlichkeit in die Ausbildung bringen“* zu können.[34] Ihre Anfangseuphorie wich indes oft einer Ernüchterung über die Praxisnähe der Umsetzung. Lehrer L6 äußert eine fehlende Partizipation der Basis und kritisiert, dass trotz Arbeitsgruppen auf ministerialer Ebene die Expertise der Schulleiter kaum Gehör fand.[35] Darüber hinaus wird beanstandet, dass durch die radikale curriculare Umstellung auf reine Lernsituationen die systematische *„Grundlagenschulung“* für viele Auszubildende kaum noch umsetzbar sei.[36] Zudem gibt L3 im Rahmen des Gruppeninterviews an dieser Stelle folgendes zu bedenken:

„Auf der einen Seite ist es eben sehr fallbezogen und dann wollen wir aber in den Prüfungen doch irgendwie ein Theoriewissen haben, wozu die gar nicht in der Lage sind.“[37]

---

[31] Interview L6, Pos. 2, S. 1.

[32] Vgl. Interview L1, L2, Pos. 29, S. 6.

[33] Vgl. Interview L7, Pos. 24, S. 7–8.

[34] Vgl. Interview L1, L2, Pos. 14, S. 3.

[35] Vgl. Interview L6, Pos. 4, S. 1.

[36] Vgl. Interview L3, L4, L5, Pos. 6, 8, 12, S. 2–3.

[37] Vgl. Interview L3, L4, L5, Pos. 8, S. 2.

Virulent stellt sich für die Lehrer obendrein der Rekrutierungsdruck und dessen Auswirkung auf die Eignung der Bewerber dar. Sie konstatieren eine zunehmende Widersprüchlichkeit bei den Anforderungen der Pflegeausbildung und der Realität des Bewerbermarktes. Lehrer L3, L4 und L5 beobachten, dass der Zwang zur Besetzung von vakanten Ausbildungsstellen dazu führt, dass *„auf Teufel komm raus alles genommen wird"*, was sich bewirbt, wodurch eine Selektion nach Eignung faktisch entfällt.[38] Ergänzend hierzu analysiert L7 einen fundamentalen soziologischen Wandel der Arbeitsethik. Das heißt, während früher die Identifikation über den Beruf stattfand, stehe bei der aktuellen Generation die Finanzierung des Privatlebens im Vordergrund. Zugespitzt wird dies in der rhetorischen Frage der Auszubildenden: *„Lebe ich wirklich für die Arbeit oder lebe ich für das Leben?"*[39]

Pädagogisch noch gravierender wiegt die Einschätzung der vorberuflichen Startvoraussetzungen. Hierbei kristallisieren sich zwei Erosionsprozesse heraus. Zum einen fehlt es den Schülern an basalen Lernkompetenzen. So berichten L1 und L2, dass Auszubildende aus ihrer bisherigen *„Lernbiografie heraus"* häufig nicht wissen, wie sie sich komplexe Inhalte eigenständig erschließen sollen und es *„immer schlimmer"* wird.[40] Zum anderen konfrontiert die sprachliche und soziale Heterogenität die Pflegeschulen mit einer kaum zu bewältigenden Herausforderung. Folglich schätzt L8 die Sprachbarriere als *„ganz, ganz schwierig"* ein, da selbst ein zertifiziertes B2-Niveau meist nicht ausreiche, um dem Unterricht zu folgen. Hinzu kommt ein Verlust an sozialen Basiskompetenzen, welcher die Schulen zu Erziehungsmaßnahmen zwingt. Nach Aussagen von L3 und L8 seien inzwischen ganze Schulblöcke notwendig, um Selbstverständlichkeiten wie das Vorbereiten auf Praxiseinsätze, das Abmelden oder Vorstellen in einer Versorgungseinrichtung zu trainieren, da solch *„normalen Tugenden"* nicht mehr vorausgesetzt werden können.[41]

Resümierend betrachten die Lehrer die Einführungsphase als einen administrativen Kraftakt, bei dem sie die Widersprüchlichkeit zwischen einem akademisch anspruchsvollen Curriculum und einer zunehmend heterogenen, teils lernentwöhnten Auszubildendenschaft pädagogisch ausgleichen müssen.

---

[38] Vgl. Interview L3, L4, L5, Pos. 4, S. 1–2, Pos. 130–131, S. 32.

[39] Vgl. Interview L7, Pos. 50, S. 16–17.

[40] Vgl. Interview L1, L2, Pos. 21–22, S. 4–5.

[41] Vgl. Interview L3, L4, L5, Pos. 42–43, S. 11–12; Vgl. Interview L8, Pos. 4, S. 1, Pos. 74, S. 19.

4.2 Beurteilung der Zielerreichung

Nach der Analyse des Kontextes und der Ausgangslage wendet sich der Blickpunkt nun der Ergebnisbilanz zu. Geprüft wird, inwieweit der gesetzliche Anspruch an die Professionalisierung und Attraktivität nach fünf Jahren Reformpraxis mit der gelebten Versorgungsrealität in Sachsen-Anhalt korrespondiert. Leitend ist hierbei die erste Teilforschungsfrage:

- *Wie beurteilen Absolventen, Praxisanleiter und Lehrer in Sachsen-Anhalt die Übereinstimmung der erfahrenen Wirklichkeit der generalistischen Pflegeausbildung mit den angestrebten Zielen?*

Eine quantitative Auswertung der Hauptkategorie *„HK2 – Beurteilung der Zielerreichung“* offenbart, wie in Abbildung 4.2 ersichtlich, eine starke Tendenz. Demgemäß wird das Stimmungsbild eindeutig von kritischen Bewertungen angeführt. Mit knapp 70 % der Kodierungen weisen die Cluster *„SK2.4 – Diskrepanz zwischen Anspruch und Wirklichkeit“* (35 %) und *„SK2.2 – Zielverfehlung“* (34 %) auf eine markante Lücke zwischen Theorie und Praxis hin. Positive Einschätzungen zur *„Zielerfüllung“* (SK2.1) bleiben mit 19 % ebenso in der Minderheit wie eine *„Gemischte Bilanz“* (SK2.3, 12 %). Diese quantitative Schieflage indiziert bereits vor der qualitativen Vertiefung, dass die Reformziele in der sachsen-anhaltischen Versorgungslandschaft auf immense strukturelle Widerstände stoßen.

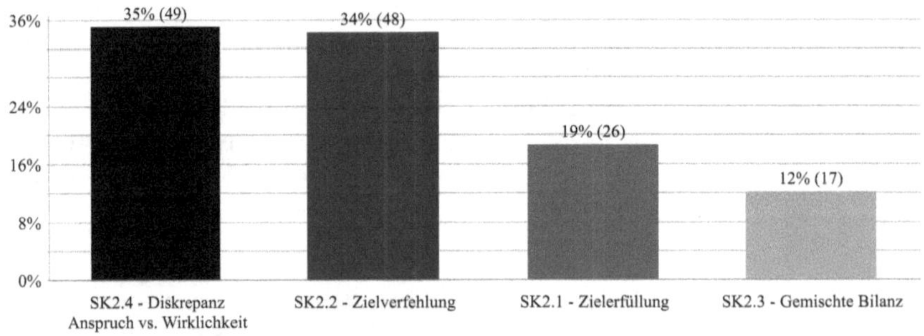

Abbildung 4.2 HK2 – Beurteilung der Zielerreichung (Codehäufigkeiten). (**Quelle:** Eigene Darstellung (erstellt mit *MAXQDA*))

4.2.1 Perspektive der Absolventen

Bei den befragten Absolventen fällt die Bilanz der Zielerreichung äußerst ambivalent aus. Zwar wird die grundlegende Intention des Gesetzgebers, die Pflegeberufe aufzuwerten und europäisch anschlussfähig zu machen, im Grundsatz durchaus gewürdigt. So bestätigt Absolvent A1 bspw., dass die EU-weite Berufsanerkennung für viele ein *„sehr, sehr attraktives"* Merkmal ist, da sie internationale Mobilität ermögliche.[42] Auch der strukturelle Zusammenschluss der Versorgungsbereiche wird prinzipiell als logischer Schritt anerkannt; A4 bewertet das Konzept *„alles in einen Kessel zu werfen"* als positiv, um berufliche Hürden abzubauen.[43] Doch dieser theoretischen Zustimmung steht eine ernüchternde Praxisrealität gegenüber. Das zentrale Versprechen der Generalistik – die Befähigung zur uneingeschränkten Arbeit in allen Versorgungsbereichen – wird von den Absolventen stark angezweifelt. Anstatt einer umfassenden Qualifizierung erleben sie oft eine inhaltliche Oberflächlichkeit. A1 zieht hier einen kritischen Vergleich zum alten Ausbildungssystem und resümiert frustriert über die neue Struktur:

> *„Und wir haben auch manchmal davon gesprochen, dass wir gerne in der Ausbildung wieder wären, weil es dann ruhiger und angenehmer gewesen, und nicht alles so […], zusammengeklatscht gewesen wäre."*[44]

In besonderer Weise manifestiert sich die *„Zielverfehlung"* (SK2.2) im Bereich der Pädiatrie. Vier Absolventen berichten übereinstimmend davon, dass die Erwartung, Kompetenzen in der Kinderkrankenpflege zu erwerben, in Wirklichkeit enttäuscht wurde.[45] A2 teilt ihre Erfahrung mit, statt in einer Kinderklinik *„unfreiwillig"* in einer Kindertagesstätte eingesetzt worden zu sein, da es an klinischen Plätzen mangelte.[46] Diesen Befund bekräftigt auch A3, wobei konstatiert wird, dass die Ausbildung in diesem Bereich *„nicht wirklich was mit Kinderkrankenpflege zu tun"* gehabt habe.[47] Wie sich zeigt, resultiert daraus eine merkliche Unsicherheit hinsichtlich der eigenen Handlungskompetenz. Trotz des generalistischen Berufsabschlusses trauen sich Absolventen den direkten Einstieg in

---

[42] Vgl. Interview A1, Pos. 44, S. 7.

[43] Vgl. Interview A4, Pos. 24, S. 4.

[44] Vgl. Interview A1, Pos. 86, S. 13.

[45] Vgl. Interview A1, Pos. 14, S. 3; Vgl. Interview A2, Pos. 38, S. 6; Vgl. Interview A3, Pos. 31–32, S. 7; Vgl. Interview A4, Pos. 38, S. 7.

[46] Vgl. Interview A2, Pos. 38, S. 6.

[47] Vgl. Interview A3, Pos. 32.

den Akutbereich oft nicht zu. Die deutliche Kluft zwischen dem formalen Status als Pflegefachperson und dem subjektiven Kompetenzerleben pointiert A2 unmissverständlich:

> *„Also ich würde es mir nicht trauen ins Krankenhaus zu gehen und sagen: ‚Hier bin ich, ich bin Fachkraft und kann jetzt alles machen.' Nein."*[48]

Übereinstimmend mit dieser Selbsteinschätzung nimmt A3 bei Schülern aller Ausbildungsjahre dieselbe *„Unsicherheit"* wahr.[49] Die Divergenz zwischen politischem Anspruch und erlebter Wirklichkeit führt zudem zu einer Image-Krise. A2 kritisiert diesbezüglich, dass die generalistische Pflegeausbildung politisch *„schöngeredet"* wurde, was bei vielen Auszubildenden zu Desillusionierung geführt habe.[50] Auch didaktisch lässt sich ein Bruch erkennen, denn während das Konzept des *„selbstorganisierten Lernens"* moderne Pädagogik versprach, wurde es in der Praxis oft nur als ein Alleingelassenwerden mit Aufgaben empfunden, bei denen man lediglich *„gehofft"* habe, *„dass es richtig war"*.[51] Abschließend warnt A6 vor einer paradoxen Entwicklung: Statt die Pflegeberufe zu einer Einheit zu verschmelzen, droht die Generalistik, neue Gräben aufzureißen. In der Praxis entstünden Vorbehalte gegenüber den *„Generalisten"*, was nicht zu einer Entlastung, sondern zu einem höheren Aufwand führe. Metaphorisch gesprochen habe man sich mit der neuen Ausbildung *„selbst so einen Stein in den Weg gelegt, den man nicht mehr überspringen kann"*.[52]

In der Gesamtschau erkennen die Absolventen die formalen Potenziale der Generalistik – etwa EU-Anerkennung und breites Einsatzspektrum – an, berichten dennoch zugleich von fehlender fachlicher Tiefe. In ihren Schilderungen überwiegt weniger das Gefühl der Professionalisierung als vielmehr Handlungsunsicherheit sowie das Empfinden, vor allem für spezialisierte Bereiche wie die Pädiatrie nur mäßig qualifiziert zu sein.

[48] Interview A2, Pos. 72, S. 10.

[49] Vgl. Interview A3, Pos. 66, S. 15–16.

[50] Interview A2, Pos. 18, S. 3.

[51] Vgl. Interview A6, Pos. 8, S. 2–3.

[52] Interview A6, Pos. 34, S. 9–10.

4.2.2 Perspektive der Praxisanleiter

Aus Sicht der Praxisanleiter werden überwiegend positive Effekte bezüglich der Attraktivität des neuen Berufsbildes registriert. Analog zu den Absolventen würdigen auch die Praxisanleiter übereinstimmend die europäische Anerkennung als starken Anreizfaktor, der internationale Mobilität und Möglichkeiten zur akademischen Weiterqualifizierung garantiert (3 von 4 Praxisanleitern)[53]. Speziell P1 hebt hervor, dass der Zulauf an Interessenten, gerade auch durch Bewerber mit Migrationshintergrund, aufgrund dieser Perspektiven merklich gestiegen sei.[54] Prinzipielle Zustimmung findet des Weiteren der Grundgedanke, Flexibilität zu schaffen und Auszubildenden die Möglichkeit zu geben, sich ohne komplette Umschulung neu zu orientieren.[55] Indes weicht diese anfängliche Billigung bei näherer Betrachtung der praktischen Kompetenzvermittlung einer fundierten und teils scharfen Mängelanalyse. Energisch portraitiert P2 diesen Umstand mit dem Bild von *„halbherzigen, kleinen Pflegerobotern"*, die zwar theoretisch ein breites Spektrum abdecken sollen, in der Praxis jedoch an der Komplexität scheitern, sobald es *„ums Eingemachte geht"*.[56] Anstatt fundierten Wissens entstehe oftmals nur *„gefährliches Halbwissen"*, da die Auszubildenden in den verschiedenen Versorgungssettings keine Tiefe mehr erreichen.[57] P2 folgert:

> *„Die schnuppern in der Ausbildung, die lernen nicht, die schnuppern nur überall."*[58]

Bestätigung findet diese These bei P3, welche einen anschaulichen Vergleich zur Fahrschule zieht, um die fehlende Entscheidungsfähigkeit zu illustrieren. Solange der Mentor (*„Fahrlehrer"*) daneben sitzt, fühlen sich die Auszubildenden sicher, doch die Kompetenz zu eigenverantwortlichem Handeln fehlt nach dem Examen zumeist gänzlich.[59] Daraus folgt laut den Praxisanleitern eine erhebliche Verlängerung der Einarbeitungszeiten. Für P4 reichen die im Unternehmen eigentlich vorgesehenen drei Monate keinesfalls aus; vielmehr seien sechs bis neun Monate erforderlich, um die *„frischen"* Pflegefachpersonen auf ein sicheres Niveau zu

---

[53] Vgl. Interview P1, Pos. 2, S. 1; Vgl. Interview P3, Pos. 94, S. 32; Vgl. Interview P4, Pos. 28, S. 8–9.

[54] Vgl. Interview P1, Pos. 3–4, S. 1.

[55] Vgl. Interview P4, Pos. 48, S. 14, Pos. 60, S. 18.

[56] Vgl. Interview P2, Pos. 8, S. 2.

[57] Vgl. Interview P2, Pos. 48, S. 7–8.

[58] Interview P2, Pos. 48, S. 7–8.

[59] Vgl. Interview P3, Pos. 38, S. 14.

bringen. Angesichts dessen wird dieser Mehraufwand als direkte Folge der neuen Ausbildungsstruktur folgendermaßen eingeordnet:

> *„[…] man muss die locker ein halbes oder dreiviertel Jahr quasi an die Seite nehmen und das ist halt die Zeit, die in der Ausbildung vergeudet worden ist.“*[60]

P1 unterstreicht dieses Defizit anhand des Fallbeispiels einer Absolventin auf der Intensivstation, welche unter massiven *„Versagensängsten“* litt, da dieser hochkomplexe Bereich in der Pflegeausbildung nur *„angerissen“* wurde und somit die notwendige Sicherheit im Umgang mit der Technik fehlte.[61] Neben der fachlichen Oberflächlichkeit wird zudem eine *„extreme Qualitätsminderung“*[62] beklagt, die sich schlussendlich in hohen Abbruch- oder Durchfallquoten niederschlage.[63] Besorgnis erregt überdies die Entwicklung in den spezialisierten Sektoren. Da komplexe Themenbereiche im Curriculum in der Regel nur *„angeschnitten“* oder *„angetippt“* werden, fehlt nach Ansicht der Praxisanleiter die für eine hochwertige Versorgung nötige fachliche Vertiefung.[64] Ferner wird ein bemerkenswerter Interessenverlust in bzw. an der Altenpflege seitens der Auszubildenden beobachtet, wie P2 schildert.[65] Übergreifend bewertet P3 die neue Pflegeausbildung als *„Verschlimmbesserung“*. Die ursprüngliche Intention einer Qualitätssteigerung hat sich nach mehrheitlicher Ansicht der Praxisanleiter ins Gegenteil verkehrt (3 von 4 Praxisanleitern), da die Bedürfnisse der Versorgungspraxis – sei es in der Langzeitpflege oder im Krankenhaus – durch das generalistische Modell nicht adäquat abgebildet werden.[66] Treffend bilanziert P3 diese Enttäuschung über die nicht erfüllten Erwartungen:

> *„Es ist nicht das eingetreten, was man sich davon versprochen oder erhofft hat. […] Es sind einfach im Laufe der Zeit viele, viele, viele Probleme und Mängel offenbart worden im Ausbildungsgeschehen [..].“*[67]

[60] Interview P4, Pos. 30, S. 9.

[61] Vgl. Interview P1, Pos. 50, S. 12–13.

[62] Vgl. Interview P3, Pos. 10, S. 4.

[63] Vgl. Interview P3, Pos. 42, S. 16.

[64] Vgl. Interview P1, Pos. 48, S. 12, Pos. 54, S. 13; Vgl. Interview P3, Pos. 78, S. 26–27.

[65] Vgl. Interview P2, Pos. 48, S. 7–8.

[66] Vgl. Interview P2, Pos. 41–46, S. 6–7, Pos. 112, S. 18; Vgl. Interview P3, Pos. 2, S. 1, Pos. 10, S. 3–4, Pos. 94, S. 32; Vgl. Interview P4, Pos. 28–30, S. 8–9.

[67] Interview P3, Pos. 2, S. 1.

4.2.3 Perspektive der Schulleiter und Lehrer

Rückblickend auf die letzten fünf Jahre bestätigt L1, dass genau die Probleme eingetreten sind, die vor der Einführung der Generalistik befürchtet wurden. Insbesondere Auszubildende mit einem Stammbetrieb in der Geriatrie haben Schwierigkeiten, sich in den klinischen Versorgungssettings zurechtzufinden.[68] Im Hinblick auf die Absolventenzahlen äußert sich L1 zudem skeptisch. Zwar seien die Zahlen an der eigenen Pflegeschule gestiegen, ein genereller Anstieg im Vergleich zur Summe der früheren Einzelberufe wird jedoch bezweifelt. Das übergeordnete Ziel der Reform wird kritisch gesehen:

> *„Das heißt also, dass das eigentliche Ziel, das wir erreichen wollten mit der Generalistik, dass wir also so allumfassende basiskompetente Fachkräfte ausbilden, das haben wir noch nicht erreicht."*[69]

Blickt man eingehender auf die Gruppe der Lehrer, so nehmen diese eine vermittelnde Position ein. Sie erkennen pädagogische Zugewinne an, benennen jedoch gleichzeitig strukturelle Unzulänglichkeiten. In Bezug auf die europäische Anerkennung lässt sich in dieser Akteursgruppe kein einheitliches Stimmungsbild zeichnen. L6 bewertet die Entwicklung positiv als *„guten Sprung"* über den nationalen Tellerrand hinaus, da die Pflegeausbildung nun international gleichgestellt sei und keine Nachqualifizierungen mehr erfordere.[70] Lehrer L8 hingegen misst dem für die Lebensrealität der Auszubildenden nur geringe Bedeutung bei. Zwar handele es sich um einen formalen Fortschritt, im Schulalltag sei dies allerdings kein *„Faustpfand"* für die Schüler, weil bislang kaum Interesse an einer Abwanderung ins Ausland geäußert worden sei. Entsprechend konstatiert L8 nüchtern:

> *„Das interessiert die Auszubildenden glaube nicht wirklich."*[71]

Gleichwohl stellen L1 und L2 die Entwicklung des professionellen Selbstverständnisses positiv heraus. So gibt L1 an, dass die Auszubildenden *„mehr Berufsstolz empfinden als früher in der Altenpflege"*, was sich teils sogar in einer

---

[68] Vgl. Interview L1, L2, Pos. 10, S. 2.

[69] Interview L1, L2, Pos. 10, S. 2.

[70] Vgl. Interview L6, Pos. 38, S. 9.

[71] Interview L8, Pos. 104–106, S. 26–27.

gewissen Abgrenzung gegenüber altgedienten Pflegekräften äußere.[72] Fachlich manifestiere sich der Erfolg in einer *„unglaublichen Flexibilität“* des Denkens. Die Auszubildenden seien folglich in der Lage, verschiedene Versorgungssettings kognitiv zu verknüpfen und bspw. in einem Pflegeheim auch chirurgische Komplikationen wie einen Ileus zu antizipieren.[73] Dies stärke in der Konsequenz das berufliche Selbstbewusstsein, etwa in der Kommunikation auf Augenhöhe mit Ärzten.[74]

Im Kontrast zu den kompetenzorientierten Gewinnen steht wiederum die Kritik an der praktischen Umsetzung durch die betrieblichen Träger. Von L1 und L2 wird bspw. beanstandet, dass Krankenhäuser die Ausbildung externer Auszubildender nicht selten als Einnahmequelle nutzen, indem sie hohe Gebühren für die klinische Praxisanleitung aufrufen[75], die Qualität der Anleitung jedoch oft mangelhaft bleibe.[76] Darüber hinaus identifizieren die beiden Lehrer ein *„existenzbedrohendes Problem“*: Kliniken vergeben ihre Plätze für sensitive Bereiche vornehmlich an eigene Auszubildende und betrachten externe Schüler zunehmend als Konkurrenten, was eine fundierte praktische Ausbildung konterkariere.[77]

Zur Beantwortung der ersten Teilforschungsfrage lässt sich festhalten, dass über alle Perspektiven hinweg eine beträchtliche Dissonanz zwischen der bildungspolitischen Vision und der Ausbildungsrealität in Sachsen-Anhalt besteht. Während die formalen Ziele der Mobilität und Flexibilität von allen Akteursgruppen als Gewinn honoriert werden, scheitert der Anspruch einer umfassenden Handlungskompetenz in der Wahrnehmung der Experten oftmals an systemischen Mängeln und einer als oberflächlich erlebten Generalisierung. Die *„erfahrene Wirklichkeit“* bleibt somit aktuell hinter dem Postulat einer vollumfänglichen Professionalisierung zurück.

4.3 Analyse der Stärken, Schwächen und Potenziale

Ausgehend von der im vorangegangenen Kapitel dargestellten Diskrepanz zwischen bildungspolitischem Anspruch und erlebter Wirklichkeit widmet sich der folgende Abschnitt der differenzierten Ursachenforschung. Ziel ist es, jenseits

[72] Vgl. Interview L1, L2, Pos. 89, S. 17, Pos. 95, S. 18–19.
[73] Vgl. Interview L1, L2, Pos. 91, S. 18.
[74] Vgl. Interview L1, L2, Pos. 95, S. 18–19.
[75] Vgl. Interview L1, L2, Pos. 6, S. 1.
[76] Vgl. Interview L1, L2, Pos. 10, S. 2.
[77] Vgl. Interview L1, L2, Pos. 102–106, S. 19–20.

der allgemeinen Bewertung konkrete Gelingensbedingungen und Hemmfaktoren zu ermitteln, um daraus Ansatzpunkte für eine Weiterentwicklung der Generalistik abzuleiten. Im Zentrum der Betrachtung steht hierbei die zweite Teilforschungsfrage:

- *Welche spezifischen Stärken und Schwächen der generalistischen Pflegeausbildung werden von den Akteuren benannt, und welche konkreten Optimierungspotenziale ergeben sich daraus?*

Aufgrund der hohen Datendichte und der inhaltlichen Fülle, die sich aus der konstitutiven Bedeutung dieses Analysebereichs ergibt, folgt der Aufbau dieses Abschnitts einer bewussten Zweiteilung. Um die Vielzahl der Expertennennungen systematisch und übersichtlich abzubilden, wird die Ergebnisdarstellung strukturell entzerrt. Zunächst wird in Abschnitt 4.3.1 eine diagnostische Bestandsaufnahme der benannten Stärken und Schwächen vorgenommen (Darstellung des Status quo). Darauf aufbauend widmet sich Abschnitt 4.3.2 den daraus resultierenden, zukunftsgerichteten Optimierungspotenzialen. Innerhalb dieser beiden thematischen Hauptblöcke wird die bewährte Unterteilung nach Akteursgruppen beibehalten, um die spezifischen Perspektiven der Absolventen, Praxisanleiter und Lehrer differenziert herauszuarbeiten.

4.3.1 Darstellung der Stärken und Schwächen

Als erster Zugang zur Thematik dient die Analyse der Hauptkategorie *„HK3 – Stärken und Schwächen"*. Wie in Abbildung 4.3 ersichtlich, lassen sich die umfangreichen Aussagen der Interviewteilnehmer sechs verschiedenen Clustern zuordnen und anhand dessen eine deutliche Gewichtung erkennen. Mit einem Anteil von 30 % der Kodierungen führt die *„Curriculare Breite und Tiefe"* (SK3.1) das Diskursfeld an. Dies belegt, dass die inhaltliche Ausgestaltung der Pflegeausbildung – also das Spannungsfeld zwischen generalistischem Überblick und spezialisiertem Fachwissen – als der entscheidende Indikator für die Qualitätsbewertung wahrgenommen wird. Dicht gefolgt wird dieser Aspekt von den Ressourcen bzw. Qualität der Praxisanleitung (SK3.2) mit 25 %, was die besondere Bedeutung der praktischen Lernbegleitung akzentuiert. An dritter Stelle liegt mit 22 % der Codes das Cluster des beruflichen Profils und der externen Wahrnehmung (SK3.4), in welchem Fragen der Identität, des Berufsimages sowie der EU-Anerkennung verhandelt werden. Organisatorische Aspekte (SK3.3), der Dokumentationsaufwand (SK3.5) sowie die finanziellen Rahmenbedingungen

(SK3.6) spielen in der relativen Gewichtung eine nachgeordnete, wenngleich für den Alltag der Akteure durchaus wichtige Rolle.

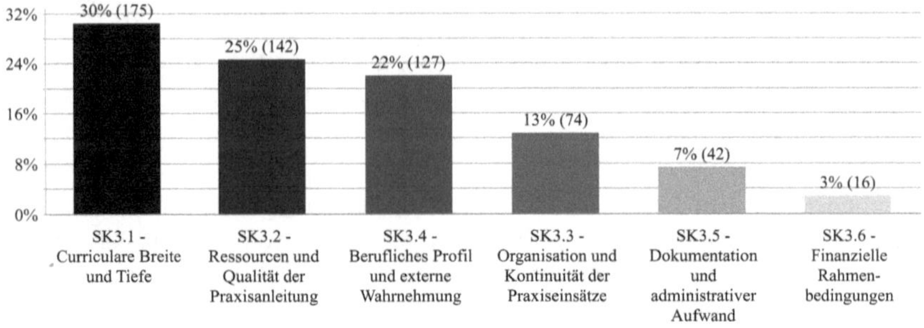

Abbildung 4.3 HK3 – Stärken und Schwächen (Codehäufigkeiten). (**Quelle:** Eigene Darstellung (erstellt mit *MAXQDA*))

Im Folgenden werden die identifizierten Schwerpunkte qualitativ vertieft und aus den Perspektiven der einzelnen Akteursgruppen beleuchtet.

Perspektive der Absolventen

In den Aussagen der Absolventen zeichnet sich das Bild einer Berufsausbildung ab, deren Anspruch einer breiten Qualifizierung für unterschiedliche Versorgungsbereiche zwar prinzipiell nachvollzogen wird, deren Umsetzung hingegen stark von den jeweiligen Rahmenbedingungen abhängt. Wiederholt wird betont, dass die Generalistik weniger an der Idee selbst als an ihrer praktischen Operationalisierung scheitere. Inhalte erscheinen demnach verdichtet und teils ungleich gewichtet, die Verzahnung von Theorie und Praxis bleibt fragil, und die Ausbildungsqualität variiert beträchtlich zwischen Einsatzorten und Trägern.

Am deutlichsten kristallisiert sich der Unmut an der curricularen Konzeption heraus. Viele Absolventen schildern die generalistische Pflegeausbildung als inhaltlich *„sehr, sehr anstrengend“*[78] und stark komprimiert – nicht nur im Sinne eines hohen Stoffumfangs, sondern auch aufgrund einer als ungünstig empfundenen Zeitverteilung zwischen den Lernthemen. Als besonders problematisch wird erlebt, dass anspruchsvolle Ausbildungsinhalte teilweise zu knapp behandelt werden, während andere Einheiten aus Sicht der Schüler unnötig in die Länge gezogen werden.[79]

[78] Interview A1, Pos. 2, S. 1.

[79] Vgl. Interview A1, Pos. 26, S. 4.

Während A2, A3, A4, A5 und A6 die medizinisch-pflegerische Fachlichkeit – etwa Anatomie, Pharmakologie oder Krankheitslehre – insgesamt als unzureichend vermittelt bewerten[80], schildert Absolvent A1 die Anatomievermittlung dagegen als vergleichsweise stark und gibt an, *„alles über den Körper als alles andere“*[81] gelernt zu haben. Vor allem die Verschiebung der Lernschwerpunkte stößt auf Unverständnis. Demnach scheinen medizinisch-pflegerische Hard Skills zugunsten von Themenfeldern wie *„Beraten und Anleiten“* oder *„Pflegewissenschaft“* in den Hintergrund gerückt zu sein. Diese Akzentverschiebung führt in der Praxis zu Konflikten, die A6 pointiert auf den Punkt bringt:

> *„Ich kann in einer Akutsituation nicht anfangen mit einer Beratung, das nützt mir recht wenig.“*[82]

Methodisch erweist sich obendrein das Konzept des selbstorganisierten Lernens (*„SOL“*) in der Wahrnehmung der Absolventen häufig als Hürde. Denn anstatt die angestrebte Handlungsautonomie zu fördern, generiert das Format teilweise Unsicherheit, da Arbeitsaufträge oft ohne pädagogische Rückkopplung bleiben und sich die Auszubildenden mit der komplexen *„Stofffülle“* schlichtweg *„alleingelassen fühlen“*.[83] Dieser fehlende pädagogische Rahmen zwingt nach übereinstimmenden Aussagen der Absolventen Auszubildende dazu, sich essenzielle Inhalte in der Freizeit anzueignen, was die Belastungsgrenze zusätzlich strapaziert.[84] Auch die praktische Ausbildung enthüllt eine breite Spannweite zwischen Anspruch und Wirklichkeit. Wenngleich vereinzelt sehr positive Erfahrungen, etwa im klinischen oder ambulanten Setting geschildert werden[85], ist das Bild in der Breite durch Mangel geprägt. Vor diesem Hintergrund wird von zu wenig Praxisanleitern für zu viele Auszubildende oder ersatzlosem Ausfall von Praxisanleitern und der damit verbundenen Konsequenz, dass Anleitungen durch andere Mitarbeiter *„mitgemacht“* oder

---

[80] Vgl. Interview A2, Pos. 56, S. 8; Vgl. Interview A3, Pos. 68, S. 16, Pos. 24, S. 5; Vgl. Interview A4, Pos. 50, S. 9, Pos. 62, S. 11; Vgl. Interview A5, Pos. 2, S. 1; Vgl. Interview A6, Pos. 40, S. 12.

[81] Interview A1, Pos. 64, S. 10.

[82] Interview A6, Pos. 12, S. 4.

[83] Vgl. Interview A4, Pos. 7–12, S. 2.

[84] Vgl. Interview A1, Pos. 30, S. 5; Vgl. Interview A2, Pos. 14, S. 3; Vgl. Interview A3, Pos. 64, S. 14–15; Vgl. Interview A4, Pos. 60, S. 10–11; Vgl. Interview A5, Pos. 44, S. 10–11; Vgl. Interview A6, Pos. 80, S. 21.

[85] Vgl. Interview A3, Pos. 62, S. 14; Vgl. Interview A5, Pos. 18, S. 5.

nur verkürzt durchgeführt werden, berichtet.[86] Personalnot und Zeitdruck führe nach mehrheitlichen Aussagen (4 von 6 Absolventen) dazu, dass Lernzeiten dem Stations- respektive Versorgungsalltag zum Opfer fielen. Absolvent A1 erzählt davon, wie die Rolle der Auszubildenden in solchen Phasen mitunter auf bloße Hilfstätigkeiten reduziert wird:

> *„Viele Azubis waren einfach wirklich dann die, wie man das so sagt, Putze vom Dienst und haben dann entweder nur gewaschen oder geputzt.“*[87]

Besonders alarmierend ist in diesem Kontext die Diskrepanz zwischen Dokumentation und Realität. Drei Absolventen geben im Zuge der Befragung offen zu, dass Anleitungsstunden vielfach lediglich auf dem Papier existieren, um die eigene Prüfungszulassung nicht zu gefährden, faktisch aber nie stattgefunden haben.[88]

In Bezug auf die Organisation der Praxiseinsätze ist ein differenziertes Meinungsbild festzustellen. Der Einblick in die verschiedenen Versorgungssettings wird von der Hälfte der Akteure dieser Sparte durchaus als Horizonterweiterung geschätzt.[89] Für Unverständnis sorgen indes die starren Rotationspläne, die kaum Spielraum für individuelle Vertiefungswünsche lassen.[90] In diesem Zusammenhang weist A5 auf fehlendes Mitspracherecht bei der Auswahl der Einsatzorte hin.[91] Besonders markant ist die Erfahrung, dass angekündigte Wechselmöglichkeiten am Ende nicht realisiert werden konnten und Begründungen dafür ausblieben.[92] Als strukturelles Problem wird außerdem die asymmetrische Gewichtung einzelner Einsatzfelder beschrieben – etwa sehr lange Zeiten in der stationären Langzeitpflege und im ambulanten Setting, während der pädiatrische Einsatz anteilig sehr kurz ausfällt.[93] Im Ergebnis entsteht für einige das Gefühl, dass bestimmte Bereiche *„nach hinten runterfallen“*, obwohl sie für die Berufswahl maßgeblich wären.[94] Exemplarisch wird dies am Ersatz von pädiatrischen Einsätzen durch Kindergarten-Settings offenbart:

---

[86] Vgl. Interview A1, Pos. 118, S. 18; Vgl. Interview A2, Pos. 60, S. 8–9; Vgl. Interview A4, Pos. 55–57, S. 10; Vgl. Interview A6, Pos. 51–58, S. 14–16.

[87] Interview A1, Pos. 122, S. 18.

[88] Vgl. Interview A1, Pos. 120, S. 18; Vgl. Interview A4, Pos. 56, S. 10; Vgl. Interview A6, Pos. 54, S. 15.

[89] Vgl. Interview A1, Pos. 4, S. 1; Vgl. Interview A2, Pos. 48, S. 7; Vgl. Interview A4, Pos. 24, S. 4, Pos. 82, S. 14.

[90] Vgl. Interview A6, Pos. 28–30, S. 7–8.

[91] Vgl. Interview A5, Pos. 46, S. 11.

[92] Vgl. Interview A3, Pos. 26, S. 6.

[93] Vgl. Interview A6, Pos. 72, S. 19–20.

[94] Vgl. Interview A6, Pos. 28–30, S. 7–8.

Diese Einsätze werden als wenig pflegerelevant begriffen und als *„unfreiwillige“* Lösung gerahmt, weil geeignete Klinikeinsätze regional schwer verfügbar seien.[95]

Hinsichtlich des beruflichen Profils ist zu schlussfolgern, dass die formalen Vorteile der Generalistik – z. B. europäische Anerkennung – zwar als Stärke empfunden werden. In der Praxis gestalte sich die Identitätsfindung dagegen als äußerst schwierig. Vier der sechs Absolventen teilen ihre Erfahrungen im Hinblick auf bestehende Vorbehalte seitens altgedienter Pflegekräfte und Ärzte, die den *„Generalisten“* skeptisch begegnen und ihnen die fachliche Kompetenz mitunter absprechen.[96] A5 schildert diese Stigmatisierung eindrücklich:

> *„Ganz grausam. Also man hat die Ausbildung begonnen und hatte sofort von den Kollegen den Stempel drauf: ‚Ah, der Generalist, okay‘.“*[97]

Ein Aspekt, welcher hingegen nahezu uneingeschränkt positiv bewertet wird, betrifft das finanzielle Auskommen. Das heißt, dass die Ausbildungsvergütung im Vergleich zu anderen Berufen von den Absolventen als *„sehr gut“* und attraktivitätssteigernd empfunden wird, obgleich vereinzelt angemerkt wird, dass sie angesichts der hohen physischen und psychischen Belastung noch ausbaufähig wäre.[98] Insgesamt zeigt sich aus der Perspektive der Absolventen das Bild einer Ausbildungsreform, die zwar finanziell und formal aufgewertet wurde, deren operativer Kern – die Wissensvermittlung und praktische Anleitung – allerdings noch stark an den strukturellen Realitäten des Versorgungsalltags leidet.

Perspektive der Praxisanleiter

Die Praxisanleiter verorten die größten Herausforderungen der Generalistik ebenfalls vor allem auf operativer Ebene. Wiederkehrend ist dabei die Einschätzung, dass sich die Belastung nicht allein aus der Stofffülle ergibt, sondern aus einem komplexen Wirkungsgefüge von inhaltlicher Verdichtung, heterogenen Lernständen, fragmentierten Einsatzverläufen und einer spürbar gestiegenen Dokumentationslast. In dieser Gemengelage rückt die Praxisanleitung mehr und mehr in eine kompensatorische Rolle, denn sie soll fehlende Tiefe, mangelnde Kontinuität und organisatorische Brüche auffangen – dies allerdings zumeist unter den Bedingungen knapper Zeit- und Personalressourcen. Vor allem die inhaltliche Verdichtung

[95] Vgl. Interview A1, Pos. 10, S. 2; Vgl. Interview A2, Pos. 38, S. 6; Pos. 54–56, S. 12.

[96] Vgl. Interview A2, Pos. 66, S. 9; Vgl. Interview A3, Pos. 14, S. 3; Vgl. Interview A4, Pos. 48, S. 8–9; Vgl. Interview A6, Pos. 28, S. 7–8, Pos. 62, S. 16.

[97] Interview A6, Pos. 28, S. 7–8.

[98] Vgl. Interview A3, Pos. 88, S. 20; Vgl. Interview A4, Pos. 64–66, S. 11–12; Vgl. Interview A5, Pos. 20, S. 5, Pos. 30, S. 8.

stößt bei den Praxisanleitern auf viel Kritik. Drei Befragte beschreiben, dass Wissen *„wahnsinnig"* breit vermittelt, aber gleichzeitig in drei Jahren in einer Weise komprimiert ist, die als unrealistisch empfunden wird.[99] So erscheint die Generalistik hier als Versuch *„drei Ausbildungen in einer"* zu absolvieren, was insbesondere für jüngere Auszubildende eine Überforderung darstelle.[100] In dieser Logik entsteht Tiefe eher punktuell als systematisch – was sich in einer verminderten Zuschreibung fachlicher Expertise ausdrückt. Ausgehend davon wird eine unzureichende medizinische Grundlagenvermittlung thematisiert, bspw. in Anatomie, Medikamentenlehre bzw. Pharmakologie oder Krankenbeobachtung.[101] P1 betont die Relevanz von fachlichen Termini als Voraussetzung für sicheres Handeln und illustriert die Konsequenzen am Beispiel einer Fachkraft, welcher grundlegende Begriffe wie *„Penicillin"* gänzlich unbekannt waren.[102] Auch P4 greift die Wahrnehmung einer mangelhaften inhaltlichen Durchdringung auf und verweist – vor dem Hintergrund notwendiger interner Nachschulungen – auf potenzielle Risiken für die Patientensicherheit:

> *„Ja, wir müssen das einmal im Monat machen, weil ansonsten kannst du die am Ende nicht auf die Menschheit loslassen, wenn sie ja nicht mal wissen, was ein Betablocker ist [...]."*[103]

Parallel dazu wird nicht durchgehend ein *„Theorieversagen"* konstatiert. P3 beschreibt durchaus Pflegeschulen, die den kompetenzorientierten Aufbau verstanden haben und dadurch bei Auszubildenden früh Fertigkeiten zur Informationsbeschaffung fördern.[104] Problematisch wird es jedoch dort, wo Selbststudium und Gruppenarbeiten als dominantes Lehrmodell vorherrschen, ohne dass eine ausreichende fachliche Auswertung durch die Lehrer erfolgt, sodass Auszubildende teils *„völlig wissenlos"* in die Praxis kommen.[105]

Für den Ausbildungserfolg wird die Praxisanleitung von den Befragten dieser Akteursgruppe als entscheidender Hebel beschrieben – zugleich aber als Bereich, der unter dem Personalschlüssel und Alltagsdruck leidet. Die Situation stellt sich

---

[99] Vgl. Interview P1, Pos. 6, S. 1–2; Vgl. Interview P2, Pos. 58, S. 9; Vgl. Interview P3, Pos. 20, S. 7–8.

[100] Vgl. Interview P4, Pos. 10, S. 3; Vgl. Interview P2, Pos. 88, S. 14–15.

[101] Vgl. Interview P1, Pos. 20, S. 5; Vgl. Interview P4, Pos. 2, S. 1, Pos. 38, S. 11–12.

[102] Vgl. Interview P1, Pos. 56, S. 14.

[103] Interview P4, Pos. 6, S. 2.

[104] Vgl. Interview P3, Pos. 40, S. 15–16.

[105] Vgl. Interview P4, Pos. 2, S. 1.

dabei äußerst heterogen dar. Während P1 ein strukturiertes Konzept mit zentraler Praxisanleitung und externen Partnern beschreibt, das Ausbildungsabbrüche verhindert[106], verweisen die Schilderungen auf gravierende Problemlagen in der Fläche. Sowohl P3 als auch P1 berichten von Fällen (bezogen auf andere Versorgungseinrichtungen), in denen Praxisanleitung faktisch *„gar nicht"* stattgefunden habe und Auszubildende über lange Zeiträume vorwiegend für Grundpflege- und Reinigungstätigkeiten eingesetzt wurden, wodurch zentrale Kompetenzen wie die Behandlungspflege auf der Strecke blieben.[107] Ein Kernproblem ist die fehlende Zeit für individualisierte Förderung. So hält P2 den Anspruch, sich auf jeden einzelnen Schüler einzustellen, im Versorgungsalltag für nicht leistbar (*„No way"*), da keine freigestellten Tage mehr zur Verfügung stünden.[108] Zudem ergänzt P4, dass Auszubildende zwar häufig den Wunsch nach einer *„24/7-Betreuung"* hegen, dies unter realen Bedingungen aber illusorisch sei.[109] Der Konflikt zwischen Versorgungsaufgaben und Lehrauftrag wird hier sichtbar:

> *„Ich arbeite ja normal mit. Ich bin ja nicht außen vor als Praxisanleiter. Ich kann mich da keine fünf Stunden rausnehmen und anfangen, da Anatomie vom Herzen und der Herzweiterleitung zu unterrichten."*[110]

Auffällig ist, dass Praxisanleiter die Ausbildung teils aktiv nachqualifizieren müssen, z. B. über interne Workshops und Skills-Lab-Formate, die eigens eingerichtet wurden, um Defizite in der Pharmakologie auszugleichen, da diese in der Schule als unzureichend wahrgenommen wird.[111]

Im Hinblick auf die Einsatzorganisation kristallisiert sich heraus, dass die Generalistik aus Perspektive der Praxisanleiter zu weitreichenden Kontinuitätsbrüchen führt. Auszubildende seien im Stammbetrieb inzwischen *„kaum präsent"*, wodurch stabile Beziehungs- und Vertrauensverhältnisse verloren gingen.[112] Die Einsatzzeit insgesamt wird als ambivalent bewertet, einerseits wie eben dargestellt als zu lange Abwesenheit vom Träger, andererseits in Spezialbereichen als zu kurz für fachliche

---

106 Vgl. Interview P1, Pos. 66, S. 16–17.

107 Vgl. Interview P1, Pos. 12, S. 3; Vgl. Interview P3, Pos. 20, S. 8.

108 Vgl. Interview P2, Pos. 26–32, S. 4–5.

109 Vgl. Interview P4, Pos. 14, S. 4.

110 Interview P4, Pos. 18, S. 6.

111 Vgl. Interview P4, Pos. 6, S. 2.

112 Vgl. Interview P3, Pos. 34, S. 12, Pos. 44, S. 17.

Tiefe (z. B. Notaufnahme).[113] Darüber hinaus erfordert die Masse an Auszubildenden aufwendige Kooperationen, um Pflichteinsätze wie die Pädiatrie überhaupt abbilden zu können.[114]

Wie zuvor bereits bei den Absolventen, werden die EU-weite Anerkennung und Karrierechancen von den Praxisanleitern einstimmig als Stärke gewertet.[115] Inhaltlich schwingt dennoch die Sorge vor Qualitätsverlust durch fehlende Spezialisierung mit. Eingebracht wird an dieser Stelle, dass Auszubildende im Vergleich zu früher *„total viel verpassen"* und die Pflegequalität leide.[116] Mit Blick auf das gesellschaftliche Image des neuen universellen Berufsabschlusses ist festzustellen, dass sich die Wahrnehmung nach Ansicht der Praxisanleiter offenbar nicht verändert hat.[117] Stattdessen herrscht weiterhin das traditionelle Berufsbild vor, wie P3 formuliert:

> *„Man ist ja auch für alle immer noch Schwester. Egal, ob man eigentlich ein Pfleger ist […] oder jetzt eine Pflegefachfrau."*[118]

Die Dokumentation wird stellenweise als bürokratische Überfrachtung erlebt, sodass P2 kritisiert, dass Pflege durch kleinteilige Kompetenzraster *„auseinandergefleddert"* werde und der Blick für die bezugsorientierte Pflege verloren gehe.[119] Zudem erschweren die Fremdeinsätze die Kontrolle der Ausbildungsnachweise, wie P3 darlegt.[120] Im Vergleich zu den vorangegangenen Themen wird die finanzielle Situation als gelöst betrachtet und die Vergütung als angemessen bewertet.[121]

Zusammenfassend ist zu bemerken, dass die generalistische Pflegeausbildung nach Ansicht der Praxisanleiter nicht am Konzept, sondern den zur Verfügung stehenden Ressourcen scheitert. Dort, wo zentrale Praxisanleitung, gute Kooperationen und didaktisch geplante Nachqualifizierung möglich sind, wird die Umsetzung als gestaltbar beschrieben.[122] Wo diese Voraussetzungen fehlen, verdichten sich die

---

[113] Vgl. Interview P4, Pos. 12, S. 3–4.

[114] Vgl. Interview P1, Pos. 34, S. 8–9.

[115] Vgl. Interview P1, Pos. 20, S. 5; Vgl. Interview P2, Pos. 58, S. 9; Vgl. Interview P3, Pos. 94, S. 32; Vgl. Interview P4, Pos. 28, S. 8–9.

[116] Vgl. Interview P2, Pos. 41–44, S. 7; Vgl. Interview P3, Pos. 10, S. 3–4; Vgl. Interview P4, Pos. 34, S. 10.

[117] Vgl. Interview P1, Pos. 42, S. 10–11; Vgl. Interview P3, Pos. 54–56, S. 20; Vgl. Interview P4, Pos. 36, S. 10.

[118] Interview P3, Pos. 52, S. 19–20.

[119] Vgl. Interview P1, Pos. 10, S. 2.

[120] Vgl. Interview P3, Pos. 20, S. 7.

[121] Vgl. Interview P2, Pos. 50, S. 8; Vgl. Interview P4, Pos. 54, S. 16.

[122] Vgl. Interview P1, Pos. 66, S. 16–17, Pos. 74–76, S. 18.

Aussagen zu einem Muster aus *„Schnupperlogik"*, heterogenen Wissensständen und einer Praxis, die Ausbildung eher *„mitlaufen lässt"* als systematisch ermöglicht.[123]

Perspektive der Schulleiter und Lehrer

Bei den pädagogischen Akteuren hinterlässt die Ausbildungsreform einen zwiespältigen Eindruck. Sie beschreiben eine Reform, deren didaktische Logik im Alltag immer wieder mit Umsetzungsgrenzen kollidiert und sehen sich dabei in einer konfliktreichen Mittlerrolle zwischen dem Konzept eines kompetenzorientierten Curriculums und den begrenzten Ressourcen der Versorgungsrealität sowie den ökonomischen Interessen der Träger. Bezüglich der curricularen Konzeption lässt sich beobachten, dass die anfängliche Akzeptanz vielfach einer realitätsnahen Ernüchterung Platz macht. Der spiralförmige Aufbau und die Themenbreite werden von Akteuren wie L3, L6, und L7 als methodische Weiterentwicklung anerkannt.[124] Zudem gibt L8 an, dass die Absolventen der generalistischen Pflegeausbildung *„fachlich sehr gut aufgestellt"* sind.[125] Auch die stärkere Fokussierung auf Reflexion und Kommunikation wird als besonderer Vorteil benannt, wie L4 darlegt.[126] Schließlich gehe es laut L5 ohne Beratung heute nicht mehr.[127] Doch der Versuch, drei Berufe in das Zeitkorsett einer einzigen Ausbildung zu pressen, führt laut L7 zwangsläufig zu Einbußen in der fachlichen Tiefe. Insgesamt konstatieren L7 und L8 eine immense Verdichtung durch die Fülle der Wissensvermittlung.[128]

Kritisch gesehen wird vor allem die Reduktion medizinisch-pflegerischer Basismodule. Die Priorisierung kommunikativer Inhalte gehe zulasten essenzieller Wissensbestände wie bspw. Anatomie oder Pharmakologie.[129] L3 illustriert dieses Dilemma anhand von Prüfungssituationen, in denen zwar die prozedurale Bewältigung von Beratungsgesprächen gelingt, die fachliche Begründungskompetenz hingegen fehlt:

> *„Sie kriegen vielleicht noch hin zu sagen: ‚Sie sollten jetzt vielleicht nicht rauchen" […], aber auch hier, die sollen das ja begründen und das fehlt eben komplett."*[130]

[123] Vgl. Interview P2, Pos. 48, S. 7.8; Vgl. Interview P3, Pos. 38, S. 10; Vgl. Interview P4, Pos. 12, S. 3–4.

[124] Vgl. Interview L3, L4, L5, Pos. 59, S. 15; Vgl. Interview L6, Pos. 8, S. 2; Vgl. Interview L7, Pos. 58, S. 20.

[125] Interview L8, Pos. 68, S. 17.

[126] Vgl. Interview L3, L4, L5, Pos. 91, S. 23.

[127] Vgl. Interview L3, L4, L5, Pos. 92, S. 23.

[128] Vgl. Interview L7, Pos. 26, S. 9; Vgl. Interview L8, Pos. 46, S. 11.

[129] Vgl. Interview L1, L2, Pos. 14–15, S. 3; Vgl. Interview L6, Pos. 10, S. 2, Pos. 48, S. 11.

[130] Interview L3, L4, L5, Pos. 95, S. 24.

Zusätzlich belastend wirkt ferner die Heterogenität der Auszubildenden. Viele Schüler mit einem mittleren Bildungsabschluss sind vom Anspruch des selbstorganisierten Lernens überfordert und benötigen demnach enge Begleitung und handlungsleitende Struktur.[131] In diesem Zusammenhang verweist Lehrer L8 auf eine Zunahme privater Belastungslagen, die den Ruf nach Schulsozialarbeit induzieren, da eine rein pädagogische Kompensation dieser Faktoren kaum zu leisten ist.[132]

Zuweilen sorgt das Ungleichgewicht in der Kooperation mit den praktischen Trägern für zusätzlichen Frust. Die Akquise von Pflichteinsätzen in Pädiatrie und Akutpflege beschreibt L2 als ressourcenintensives Krisenmanagement, das oft nur durch beharrliches *„Bitten und Betteln"* zu bewältigen sei. Hierbei offenbart sich ein enormes Machtgefälle, weswegen L1 die Nutzung der Monopolstellung durch große Kliniken bei der Vergabe von Pflichteinsätzen, die Priorisierung eigener Auszubildender sowie den Ausschluss externer Schüler kritisiert:

> *„Die Plätze, die sie verteilen, verteilen sie nur an sich selbst, fast alle. Und dann besteuern die die Praxisanleitung der externen Schüler mit richtig viel Geld."*[133]

Darüber hinaus wird ein Kontrollverlust der Pflegeschulen über die Ausbildungsqualität moniert. Analog zu den übrigen Akteursgruppen betonen auch vier der pädagogischen Verantwortlichen, dass die 10 % Quote für Praxisanleitungen häufig formal nachgewiesen werden, ohne im erforderlichen Umfang tatsächlich stattzufinden.[134] Den Pflegeschulen, welche zur Überwachung der Einhaltung des Ausbildungsplans verpflichtet sind, mangelt es an Sanktionsmöglichkeiten gegenüber Versorgungseinrichtungen, die die entsprechenden Vorgaben nicht erfüllen.[135] Zusätzlich stehen die Schulen in einem Interessenkonflikt, weil sie von der Gunst der Kooperationspartner abhängig und im Falle von Beschwerden möglicherweise mit Vertragskündigungen konfrontiert sind, wodurch die ohnehin knappen Einsatzkapazitäten weiter ausgedünnt würden.[136] Als Reaktion auf die Masse an Auszubildenden und den Personalmangel in der Praxis etabliert sich obendrein zunehmend das Instrument der Gruppenanleitung, die von L8 als pragmatische

---

[131] Vgl. Interview L3, L4, L5, Pos. 40–42, S. 11; Vgl. Interview L7, Pos. 10, S. 3–4.

[132] Vgl. Interview L8, Pos. 30, S. 7.

[133] Interview L1, L2, Pos. 113, S. 21.

[134] Vgl. Interview L1, L2, Pos. 10, S. 2, Pos. 45–47, S. 10; Vgl. Interview L6, Pos. 62, S. 15; Vgl. Interview L8, Pos. 59–60, S. 15.

[135] Vgl. Interview L1, L2, Pos. 44, S. 9.

[136] Vgl. Interview L8, Pos. 60, S. 15.

„Notlösung" beschrieben wird, um Praxisanleitungen überhaupt sicherzustellen, allerdings auch nicht immer alle Auszubildenden adressiert.[137] Überdies berichten L1 und L2 von einem Zwang zum faktischen Vertragsbruch durch eine mitunter erlebte Verweigerungshaltung von Versorgungseinrichtungen bei Praxisbegleitungen, was die Wahrnehmung des gesetzlichen Überwachungsauftrags verunmöglicht.[138]

Neben den bereits dargestellten Kritikpunkten werden die allgemeinen Arbeitsbedingungen innerhalb der Pflegeprofession für die Ausbildung als nachteilig eingeschätzt. Wie prekär die Arbeitsverdichtung in der Praxis erlebt wird, veranschaulichen L3 und L4 am Beispiel der physischen Grundbedürfnisse. Das Thema *„Selbstfürsorge"* werde zum Dauerbrenner, da Auszubildende aus Angst vor Zeitverlust sogar Essen, Trinken oder den Toilettengang unterdrücken – ein alarmierender Indikator für den *„Raubbau"* am eigenen Körper. Zudem seien Auszubildende gerade im ambulanten Setting oft auf sich allein gestellt.[139] Auf diese Weise entsteht eine Unzufriedenheit, die nicht selten in einem Wechsel des Ausbildungsträgers mündet, insbesondere in der Altenpflege. Dies sei nach Aussage von L8 auch dem Umstand geschuldet, dass die heutigen Auszubildenden sehr viel kritischer geworden sind.[140] Obendrein berichten auch die Lehrer von einer Entfremdung der Auszubildenden. Demnach gehe die Verbindung zum eigentlichen Träger durch die kontinuierlichen Rotationswechsel verloren. L3 schildert, dass Auszubildende, die früher fester Bestandteil des Pflegeteams waren, inzwischen oft nur noch *„einer von vielen"* sind, was abermals zu Unzufriedenheit führt und die Unternehmensbindung sowie das Teamgefühl in besonderer Weise schwächt.[141] Auch das Konzept der *„Vertiefung"* im dritten Ausbildungsjahr wird vereinzelt kritisch hinterfragt. Da der theoretische Unterricht identisch bleibe und die Vertiefung rein praktisch erfolge, sei die Qualifikation zum Spezialisten nicht gegeben. L7 zieht einen bildhaften Vergleich:

> *„[...] ein Begriff, der für was steht, was er nicht ist. Das ist so ein bisschen, ich würde sagen, der Wolf im Schafspelz."*[142]

[137] Vgl. Interview L8, Pos. 8–10, S. 2–3.
[138] Vgl. Interview L1, L2, Pos. 161–163, S. 28.
[139] Vgl. Interview L3, L4, L5, Pos. 60–66, S. 15–16.
[140] Vgl. Interview L8, Pos. 44, S. 10.
[141] Vgl. Interview L3, L4, L5, Pos. 13, S. 4.
[142] Interview L7, Pos. 54, S. 18–19.

In Bezug auf die formalen Errungenschaften des PflBG herrscht im Grunde Einigkeit. Infolgedessen werden auch in dieser Akteursgruppe die EU-Anerkennung und Möglichkeiten neuer Karrierewege positiv bewertet[143], wenngleich L5 anmerkt, dass das Bewusstsein für diese Chancen bei Berufsanfängern oft noch fehle[144] und L8 hinsichtlich der europäischen Anerkennung mitteilt, dass diese für Auszubildende kein nennenswerter Grund pro Pflegeausbildung sei.[145] Positiv herausgestellt wird zum Teil auch die Vergütung der Schüler in der generalistischen Pflegeausbildung. So sind sich einige der befragten Lehrer weitgehend einig, dass die finanziellen Konditionen *„absolut attraktiv"* sind.[146]

Als weitere Schwäche wird der administrative Aufwand für Pflegeschulen beschrieben. Hierbei wird bspw. die Bindung wertvoller Ressourcen durch Einsatzkoordination, Nachweiskontrolle und die ständige Anpassung an neue Landesvorgaben hervorgehoben.[147] L6 berichtet davon, dass *„wir fast jedes Jahr, oder manchmal jedes halbe Jahr neue Zeugnisformate bekommen. Die können wir in die Schulprogramme gar nicht so schnell einarbeiten, weil es Änderungen der Änderung gibt. Selbst in der Notenberechnung. [...] Dann hat man diesen Prozess gemacht und dann ändert er sich wieder."*[148] Auf betrieblicher Ebene werden zudem bestehende Hürden im Bereich der Pflegedokumentation benannt. Gemäß den Ausführungen von L2 und L3 wird Auszubildenden in vielen Einrichtungen der technische Zugang verwehrt. Es fehle demnach oft an Zugangsdaten, sodass eine reale Dokumentation am PC teils bis ins dritte Ausbildungsjahr hinein nicht möglich sei.[149] Auch personell stehen die Pflegeschulen offenbar vor großen Anstrengungen. L8 verweist in diesem Zusammenhang auf die verschärften Qualifikationsanforderungen in Sachsen-Anhalt, welche bis Ende 2029 einen Masterabschluss für Pädagogen vorsehen – eine Vorgabe, die angesichts des leeren Arbeitsmarktes zumeist nur durch einen *„absoluten Glücksfund"* zu erfüllen sei und mit der man sich bei wachsenden Schülerzahlen *„selber ein Bein"* stelle.[150] Hinzu kommt eine landesrechtliche Anpassung des Personalschlüssels. Vor diesem Hintergrund kritisiert

---

143 Vgl. Interview L3, L4, L5, Pos. 59, S. 15; Vgl. Interview L6, Pos. 38, S. 9; Vgl. Interview L7, Pos. 97, S. 31.

144 Vgl. Interview L3, L4, L5, Pos. 58, S. 15.

145 Vgl. Interview L8, Pos. 103–106, S. 26–27.

146 Vgl. Interview L1, L2, Pos. 73, S. 14–15, Pos. 80–83, S. 15–16; L3, L4, L5, Pos. 121, S. 30.

147 Vgl. Interview L1, L2, Pos. 5–6, S. 1; Vgl. Interview L6, Pos. 86–88, S. 21.

148 Vgl. Interview L6, Pos. 88, S. 21.

149 Vgl. Interview L1, L2, Pos. 54, S. 11; Vgl. Interview L3, L4, L5, Pos. 99, S. 24–25.

150 Vgl. Interview L8, Pos. 24, S. 6, Pos. 28, S. 7.

L6 die Anhebung des Schüler-Lehrer-Schlüssels in Sachsen-Anhalt von 1:17 auf 1:20 bei gleichzeitiger Festlegung von Mindestbetreuungsstunden in der Praxis. In der Gesamtschau der Aufgaben, sei dies für die Lehrer *„zum Teil gar nicht zu schaffen"*.[151]

4.3.2 Identifizierte Optimierungspotenziale

Korrespondierend mit der zweiten Teilforschungsfrage, welche nicht nur nach den Stärken und Schwächen, sondern explizit auch nach den daraus resultierenden Optimierungspotenzialen fragt, wechselt der analytische Fokus nun von der Bestandsaufnahme zur Lösungsorientierung. Die aus den Interviews extrahierten Verbesserungsvorschläge wurden in der Hauptkategorie *„HK4 – Optimierungspotenziale"* gebündelt und lassen angesichts der Anzahl der generierten Codes eine erste Einschätzung in Bezug auf deren Gewichtung zu. Auf diese Weise lassen sich klare Prioritäten identifizieren, die den Handlungsdruck in spezifischen Bereichen der Ausbildungsarchitektur unterstreichen (siehe Abbildung 4.4). Bevor die Inhaltsschwerpunkte betrachtet werden, ist ein signifikanter quantitativer Befunde hervorzuheben. Im Vergleich zur Stärken-Schwächen-Analyse, die sich aus über 500 Kodierungen speiste, fällt die Anzahl der benannten Lösungsansätze mit insgesamt 105 Kodierungen deutlich geringer aus. Dies indiziert, dass die befragten Experten die bestehende Ausbildungsrealität zwar detailliert in ihren Vorzügen und Defiziten beschreiben, die Formulierung konkreter, zukunftsgerichteter Handlungsoptionen jedoch einen weitaus geringeren Raum in den Narrationen einnimmt.

Mit einer absoluten Mehrheit von 52 % der Nennungen dominiert die Subkategorie *„SK4.1 – Curriculare und didaktische Modifikationen"* das Feld der Lösungsansätze. Dieser Befund korreliert mit der im vorherigen Kapitel geäußerten Kritik an der inhaltlichen Verdichtung und fehlenden Tiefe. Er signalisiert, dass die Akteure den größten Bedarf zur Qualitätssteigerung nicht in peripheren Maßnahmen, sondern in der Justierung der inhaltlichen Ausbildungsstruktur selbst sehen. An zweiter Stelle rangieren mit 22 % Vorschläge zum Theorie-Praxis-Transfer (SK4.2). Dies spiegelt das Bedürfnis wider, die als fragil erlebte Verzahnung der Lernorte durch verbindlichere Strukturen zu stärken. Nachgelagert folgen Aspekte des Berufsbildes und der externen Kommunikation (SK4.3) mit 15 % sowie die Forderung nach Ressourcen und Anreizen für die Praxis

[151] Vgl. Interview L6, Pos. 56, S. 13.

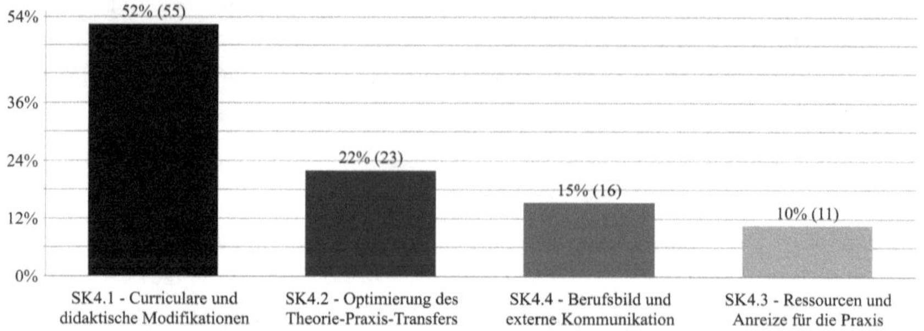

Abbildung 4.4 HK4 – Optimierungspotenziale (Codehäufigkeiten). (**Quelle:** Eigene Darstellung (erstellt mit *MAXQDA*))

(SK 4.4) mit 10 %. Dass materielle Ressourcen hier quantitativ den geringsten Raum einnehmen, mag auf den ersten Blick überraschen, deutet allerdings darauf hin, dass die Interviewteilnehmer die primären Lösungen vorrangig in strukturell-inhaltlichen Anpassungen verorten und weniger in rein monetären Zuwendungen.

Im weiteren Verlauf werden die genannten Inhaltsschwerpunkte qualitativ ausdifferenziert. Unter der Maßgabe ein ganzheitliches Bild der Optimierungspotenziale zu generieren, werden die Vorschläge analog zum vorherigen Kapitel erneut aus den spezifischen Perspektiven der einzelnen Akteursgruppen veranschaulicht.

Perspektive der Absolventen

Die Reflexionen der Absolventen zu möglichen Optimierungspotenzialen sind vor allem durch den Bedarf an fachlicher Vertiefung sowie durch den Wunsch nach stärkerer Strukturierung und Passung der Pflegeausbildung gekennzeichnet. Im Mittelpunkt stehen damit Vorschläge, die auf eine klarere Schwerpunktsetzung, mehr Durchlässigkeit sowie einen verbindlicheren Theorie-Praxis-Zuschnitt zielen.[152] Im Zentrum der Reformvorschläge steht die Forderung nach einer stärkeren Wahlfreiheit in Bezug auf Einsatzgebiete und Schwerpunktsetzungen. Mehrere Absolventen plädieren dafür, bestimmte Bereiche – u. a. Pädiatrie und Psychiatrie – in der Grundausbildung abwählen zu können, um sich frühzeitiger auf präferierte Settings (z. B.

[152] Vgl. Interview A1, Pos. 72, S. 11; Vgl. Interview A3, Pos. 74–76, S. 17; Vgl. Interview A 4, Pos. 24, S. 4; Vgl. Interview A5, Pos. 52, S. 12; Vgl. Interview A6, Pos. 82, S. 22.

Akut- oder Langzeitpflege) zu fokussieren; zudem wird vorgeschlagen Spezialbereiche gänzlich aus der Grundausbildung auszulagern.[153] Alternativ dazu wird der Wunsch nach einer Verlängerung der Gesamtausbildungszeit geäußert, um das Problem des *„gefährlichen Halbwissens"* zu vermeiden.[154] Korrespondierend hierzu wird eine Re-Priorisierung der Lerninhalte angemahnt. Wiederholt wird eine Rückbesinnung auf medizinisch-pflegerische Fachkompetenzen benannt; zugleich wird eine Reduktion einzelner als dominant wahrgenommener Anteile (*„Beraten und Anleiten"*) eingefordert.[155]

Auch strukturelle Anpassungen werden skizziert. A3 beschreibt bspw. ein Modell erhöhter Durchlässigkeit, das einen Wechsel des Trägers bzw. Versorgungssettings im laufenden Prozess ermöglichen soll, wenn das zunächst gewählte Feld nicht den Erwartungen entspricht. Damit wird die Vermeidung von Ausbildungsabbrüchen und Frustration adressiert.[156] Zudem wird ein weiteres Handlungsfeld in der Synchronisation der Lernorte gesehen. Thematisiert wird demnach insbesondere ein zeitliches und inhaltliches Auseinanderfallen von schulischer Vermittlung und praktischer Anwendung. Als Lösungsvorschlag wird eine engere Verzahnung gefordert, bei der Praxisanleiter gezielt jene Themen aufgreifen, die aktuell im Unterricht behandelt werden.[157] Zur Absicherung einer vergleichbar hohen Anleitungsqualität befürwortet A6 überdies ein Personalmodell, welches ermöglicht, dass Praxisanleiter stärker an Pflegeschulen verankert sind und bedarfsorientiert in unterschiedlichen Einrichtungen unterstützen.[158]

In Bezug auf eine potenzielle Attraktivitätssteigerung wird eine Modernisierung der Außendarstellung akzentuiert. A1, A3 und A5 verweisen in ihren Befragungen auf die Reichweite sozialer Medien, um jüngere Zielgruppen anzusprechen und ein realistischeres, positiveres Berufsbild zu vermitteln, das sich von reduktionistischen Klischees (*„Po abwischen"*) absetzt.[159] Darüber hinaus wird eine inhaltliche Aufwertung des Berufsbildes betont. A6 nimmt internationale Vorbilder in Bezug und plädiert für eine Erweiterung pflegerischer Kompetenzen, um das Berufsprofil gegenüber der Ärzteschaft zu stärken:

---

[153] Vgl. Interview A1, Pos. 34–36, S. 6; Vgl. Interview A2, Pos. 82, S. 11; Vgl. Interview A4, Pos. 24, S. 4.

[154] Vgl. Interview A2, Pos. 74, S. 10; Vgl. Interview A4, Pos. 24, S. 4; Vgl. Interview A6, Pos. 84, S. 22.

[155] Vgl. Interview A5, Pos. 54, S. 13; Vgl. Interview A6, Pos. 84, S. 24.

[156] Vgl. Interview A3, Pos. 54, S. 12.

[157] Vgl. Interview A1, Pos. 116, S. 17.

[158] Vgl. Interview A6, Pos. 91–92, S. 24.

[159] Vgl. Interview A1, Pos. 88–92, S. 13–14; Vgl. Interview A3, Pos. 80, S. 18; Vgl. Interview A5, Pos. 58, S. 13–14.

„Ich würde es tatsächlich so sehen, wie es zum Beispiel in der Schweiz gehandhabt wird, dass mehr Kompetenzen an die Pflegekräfte übergeben werden. Natürlich unter der Prämisse, dass auch mehr Fachlichkeit wieder vermittelt wird. […] Das wäre hier nicht möglich, solange der Arzt immer noch der Halbgott in weiß ist."[160]

Resümierend lässt sich der Optimierungsbedarf aus Sicht der Absolventen als Verdichtung entlang von drei Linien beschreiben: Schwerpunktfähigkeit, mehr fachliche Tiefe sowie erhöhte Durchlässigkeit. So bringt A1 den Wunsch nach individueller Profilbildung pointiert zum Ausdruck:

„Dass ich wirklich dieses Themengebiet Pädiatrie weglassen könnte, dafür aber mich mehr auf das Krankenhaussetting und Notfallmanagement spezialisieren könnte. Oder stationäre Pflege. Weil das liegt mir, das macht mir Spaß"[161]

Perspektive der Praxisanleiter

Hinsichtlich der Handlungsempfehlungen der Praxisanleiter ist festzuhalten, dass im Kern eine Wiederherstellung fachlicher Substanz sowie eine Anpassung der Ausbildungsrahmenbedingungen an die realen Ressourcen der Versorgungseinrichtungen angestrebt werden. Ihre Vorschläge lassen sich als Plädoyer für eine Entschleunigung und qualitative Nachschärfung der Berufsausbildung lesen.[162] Im Vordergrund steht dabei der Wunsch nach einer strukturellen Neujustierung von Ausbildungsdauer und -inhalten. Um die oft geschilderte Stofffülle aufzulösen und berufliche Handlungskompetenz abzusichern, postulieren P1, P2 und P3 eine Verlängerung der Ausbildungszeit. Dadurch entstünde zusätzlicher Raum, um nach einer generalistischen Basisphase eine fundierte Vertiefung anzuschließen, anstatt in zentralen Themen lediglich an der Oberfläche zu verbleiben.[163] Flankierend hierzu wird eine Bereinigung des Curriculums angeregt. P3 schlägt vor, spezialisierte Bereiche wie Pädiatrie und Psychiatrie aus der generalistischen Grundausbildung auszugliedern, da der Kompetenzerwerb im Rahmen kurzer Einsätze als begrenzt bewertet wird. Stattdessen sollen aus Sicht von P3 stärker versorgungsrelevante Schnittstellen – wie

---

[160] Interview A6, Pos. 94, S. 25.

[161] Vgl. Interview A1, Pos. 82, S. 12.

[162] Vgl. Interview P1, Pos. 56, S. 14; Vgl. Interview P2, Pos. 85–88, S. 14–15; Vgl. Interview P3, Pos. 64, S. 22; Vgl. Interview P4, Pos. 68, S. 21.

[163] Vgl. Interview P1, Pos. 56, S. 14, Pos. 86, S. 21; Vgl. Interview P2, Pos. 88, S. 15; Vgl. Interview P3, Pos. 64, S. 22.

etwa Einsätze in Arztpraxen – verbindlicher berücksichtigt werden, um Prozesse und Kommunikation in medizinischen Versorgungsketten besser zu verstehen.[164]

Vereinzelt wird hinsichtlich der Didaktik eine Kurskorrektur angestrebt. So wird von P4 die starke Fokussierung auf Selbstlernphasen bei fehlendem Basiswissen kritisiert und mit der Vorstellung verbunden, für medizinische Grundlagen zu instruktiveren Unterrichtsformaten zurückzukehren, um ein einheitliches Wissensfundament zu sichern:

> *„Das sollte wieder fest verankert werden. Dass das wirklich ein Frontalunterricht ist. [...] Und dass man dann eben drauf aufbaut und sagt, dann geht es ins Selbststudium und man erarbeitet sich den Rest selbst.“*[165]

Des Weiteren wird punktuell eine intensivere Einbindung digitaler Medien sowie eine bessere technische Ausstattung („*Hardware*“) als didaktischer Unterstützungsfaktor eingebracht.[166] Ferner wird eine engere inhaltliche Synchronisation hinsichtlich der Lernortkooperation für notwendig erachtet. P1 berichtet von positiven Effekten, wenn Pflegeschulen bei Praxisproblemen flexibel mit theoretischen Unterweisungen nachsteuern.[167] Obendrein wird die Qualifizierung der Praxisanleiter als ausbaufähig beschrieben. Demnach werden kurze Refresher-Formate über 24 Fortbildungsstunden jährlich als nicht ausreichend bewertet und es werden umfangreichere, verbindlichere Angebote gefordert, damit den gestiegenen pädagogischen Anforderungen Rechnung getragen werden kann.[168] Außerdem wird das Erfordernis adäquater Ansprechpartner vor allem in Fremdunternehmen hervorgehoben. P3 stellt in diesem Zusammenhang bspw. die Bedeutung eines Seelsorgers für Auszubildende wiederholt heraus.[169] Exemplarisch werden auch strukturelle Anreize für das angestammte Pflegepersonal diskutiert. Folglich sollten sich die Pflegeorganisationen mehr am Gesundheitsmanagement großer Unternehmen wie Google orientieren und z. B. das Renteneintrittsalter an das von Beamten anpassen oder zusätzliche Ausgleichstage bei Schichtarbeit etablieren, um mentale Gesundheit und Motivation für Anleitungstätigkeiten zu stabilisieren.[170]

---

[164] Vgl. Interview P3, Pos. 70–74, S. 24–26.

[165] Vgl. Interview P4, Pos. 52, S. 15.

[166] Vgl. Interview P1, Pos. 60, S. 15, Pos. 78, S. 19.

[167] Vgl. Interview P1, Pos. 28, S. 7.

[168] Vgl. Interview P1, Pos. 62, S. 15.

[169] Vgl. Interview P3, Pos. 50, S. 19.

[170] Vgl. Interview P4, Pos. 54, S. 16.

Zum Zweck der Attraktivitätssteigerung setzen einige Praxisanleiter auf frühzeitige und realistische Berufsorientierung. P1 formuliert den Vorschlag, bereits in den Jahrgangsstufen acht bis zehn der allgemeinbildenden Schulen wirksamer anzusetzen.[171] P3 spricht sich dafür aus, dass Praktiker gezielt in Schulen eingebunden werden sollten, um verbreitete Mythen durch authentische Einblicke zu relativieren. Weiterhin wird von P3 angeregt, dass der Pflegeberuf nicht ohne Weiteres für formal unqualifizierte Personen bzw. *„fachfremde Quereinsteiger"* zugänglich sein sollte. Nur so könne das Ansehen innerhalb der Gesellschaft verbessert werden.[172] Additiv dazu wird – unter Verweis auf Beispiele aus anderen Ländern – eine stärkere Nutzung klassischer bzw. etablierter Medien für Aufklärung und Sensibilisierung der Bevölkerung angeregt.[173] In Bezug darauf bemängelt auch P1 das Fehlen positiver Narrative in der Öffentlichkeit:

> *„Mir ist keine Sendung bekannt, außer die negativen Fälle, sage ich mal, dass der Pflegeberuf [...] in irgendeiner Dokumentation [...] attraktiv dargestellt wird. In keinster Weise."*[174]

In der Zusammenfassung fordert die Akteursgruppe der Praxisanleiter eine Pflegeausbildung, die mehr Zeit für fachliche Reifungsprozesse eröffnet, die Anleitungspraxis durch Qualifizierung und verlässliche Rahmenbedingungen stützt und gleichzeitig das Berufsbild realitätsnaher und öffentlich wirksamer kommuniziert.

Perspektive der Schulleiter und Lehrer

Aus Sicht der Lehrer werden Optimierungspotenziale vornehmlich in systemischen Rahmenbedingungen verortet. Dementsprechend richten sich ihre Vorschläge eher in geringerem Maße auf die individuelle Bewältigung des Alltags und stärker auf strukturelle Weichenstellungen in der Bildungsarchitektur und der Lernortkooperation. Wesentlicher Ansatzpunkt ist eine Aufweichung der starren Einsatzvorgaben. L3 und L8 setzen sich dafür ein, den Auszubildenden mehr Wahlfreiheit bei der Gewichtung ihrer Praxiseinsätze einzuräumen.[175] So sollte es möglich sein, präferierte Bereiche zeitlich auszudehnen und fachfremde Settings auf ein notwendiges Minimum zu reduzieren, ohne den generalistischen Charakter gänzlich aufzuheben. Hierzu schlägt L8 eine Flexibilisierung der Stundenkontingente vor:

---

[171] Vgl. Interview P1, Pos. 78, S. 19.

[172] Vgl. Interview P3, Pos. 82, S. 27–28, Pos. 84, S. 28–29.

[173] Vgl. Interview P4, Pos. 66, S. 20.

[174] Vgl. Interview P1, Pos. 88, S. 21.

[175] Vgl. Interview L3, L4, L5, Pos. 136, S. 33; Vgl. Interview L8, Pos. 90, S. 24.

„Da müssen wir auf jeden Fall flexibler werden. [...] Ich habe auch schon mal so ein bisschen mit reingebracht, vielleicht auch einfach diese Einsatzstunden nicht festzunageln."[176]

Auch radikalere Maßnahmen werden diskutiert. Durch L3 und L5 wird angeregt, die Pädiatrie wieder komplett auszugliedern und als eigenständige Ausbildung zu führen[177], während L7 vorschlägt, die Generalistik als reine Basisqualifikation zu begreifen, auf die dann bereits innerhalb der Ausbildungszeit für den jeweiligen Fachbereich zugeschnittene *„Fit-Programme"* oder Fachweiterbildungen aufsetzen, um die nötige Tiefe zu erreichen.[178] Didaktisch setzen einige Vertreter der Pflegeschulen auf eine Modernisierung der Lernumgebung. Diesbezüglich fordern L4, L7 und L8 den Ausbau von Skills-Labs, Trainingsgruppen und digitalen Simulationstechnologien (z. B. VR-Brillen), mithilfe derer praktische Fertigkeiten in einem geschützten Rahmen realitätsnah zu trainieren wären, bevor diese an Patienten bzw. Bewohnern zur Anwendung kämen.[179]

Im Bereich des Theorie-Praxis-Transfers sehen die Lehrer vereinzelt Potenzial in der Überwindung der *„Zettelwirtschaft"*. L7 skizziert die Vision einer digitalen Schnittstelle, über die Pflegeschule und Praxispartner gleichzeitig auf Ausbildungsstände zugreifen können. Dies würde einerseits den administrativen Aufwand senken und andererseits eine inhaltliche Synchronisation ermöglichen, bei der Praxisanleiter gezielt an die aktuellen Schulthemen anknüpfen können.[180] Zudem werden innovative Personalmodelle angesprochen. So besteht nach Aussage von L8 eine Idee darin, den (fach-)praktischen Unterricht in den Pflegeschulen für Praxisanleiter zu öffnen.[181] Flankierend wird eine einwöchige Schulung zur Vorbereitung auf Praxisphasen beschrieben.[182] Außerdem wird die Bündelung knapper Ressourcen im Sinne eines verbundinternen *„Praxisanleiter-Sharings"* diskutiert, bei dem sich vor allem kleinere ambulante Versorgungseinrichtungen einen zentralen Praxisanleiter teilen, um die gesetzlichen Vorgaben erfüllen zu können.[183] Ergänzend

---

[176] Interview L8, Pos. 48, S. 11.

[177] Vgl. Interview L3, L4, L5, Pos. 136–138, S. 33–34.

[178] Vgl. Interview L7, Pos. 93, S. 30–31.

[179] Vgl. Interview L3, L4, L5, Pos. 147, S. 36–37; Vgl. Interview L7, Pos. 97, S. 32; Vgl. Interview L8, Pos. 96, S. 25.

[180] Vgl. Interview L7, Pos. 78, S. 25–26.

[181] Vgl. Interview L8, Pos. 24, S. 6.

[182] Vgl. Interview L6, Pos. 26, S. 7.

[183] Vgl. Interview L3, L4, L5, Pos. 76–79, S. 19–20.

dazu wird die Notwendigkeit eines übergeordneten Kontrollmechanismus für die Lernortkooperation unterstrichen.[184]

Darüber hinaus wird eine Stärkung der Praxisanleitung (u. a. Freistellung vom regulären Dienst, finanzielle Anerkennung und pädagogische Qualifikation) sowie die Verfügbarkeit von Praktikumsplätzen als relevante Rahmenbedingungen markiert.[185] Eine angemessene Willkommenskultur in den Praxiseinrichtungen, vorgelagerte Berufspraktika als Zugangsvoraussetzung sowie ein früh ansetzendes Pre-Boarding mit anschließendem Onboarding werden als mögliche Ansatzpunkte zur Abfederung des Praxisschocks und zur emotionalen Bindung in der sensiblen Anfangsphase hervorgehoben.[186]

Ebenfalls aus den Reihen der Lehrer kommt der Vorschlag schon frühzeitig im allgemeinbildenden Schulsystem anzusetzen. So berichtet L8 von einem möglichen Pilotprojekt zur Etablierung eines Wahlpflichtmoduls *„Gesundheit und Pflege“* an Gesamtschulen, wodurch Schüler der oberen Klassenstufen systematisch an das Berufsfeld herangeführt und etwaige Vorbehalte in Bezug auf das Berufsbild abgebaut werden können.[187] Im Allgemeinen zielen die Lösungsvorschläge dieser Akteursgruppe auf eine Flexibilisierung der starren gesetzlichen Vorgaben, eine digital gestützte Vernetzung der verschiedenen Akteure sowie die Stärkung der Praxisanleitung, um die generalistische Pflegeausbildung steuerbarer und für die Auszubildenden individueller gestaltbar zu machen.

Zur gezielten Beantwortung der zweiten Teilforschungsfrage lassen sich die unter Abschnitt 4.3.1 und 4.3.2 zusammengeführten Perspektiven der Interviewteilnehmer wie folgt verdichten: Alle Akteursgruppen deklarieren in erster Linie die breite Einsetzbarkeit, die höhere berufliche Flexibilität und die europäische Anschlussfähigkeit als Stärken der neuen Berufsausbildung. Demgegenüber dominieren bei den Schwächen Hinweise auf enorme Stofffülle und eine als unzureichend erlebte fachliche Tiefe, wodurch Handlungssicherheit erschwert wird. Als weitere Problemlagen werden eine ressourcenbedingt fragil beschriebene Praxisanleitung, Brüche im Theorie-Praxis-Transfer sowie starre Einsatzlogiken und administrativer Aufwand benannt. Hieraus ergeben sich als zentrale Optimierungspotenziale eine curriculare Re-Priorisierung zugunsten fachlicher Vertiefung (ggf. Ausbildungsverlängerung

[184] Vgl. Interview L1, L2, Pos. 128, S. 23.

[185] Vgl. Interview L6, Pos. 11–12, S. 3; Vgl. Interview L7, Pos. 86, S. 28, Pos. 97, S. 31–32.

[186] Vgl. Vgl. Interview L1, L2, Pos. 73, S. 14–15; Vgl. Interview L3, L4, L5, Pos. 17, S. 5, Pos. 44–48, S. 12–13; Vgl. Interview L6, Pos. 53–54, S. 13; Vgl. Interview L7, Pos. 47–48, S. 15–16; Vgl. Interview L8, Pos. 58, Pos. 88, S. 23.

[187] Vgl. Interview L8, Pos. 78, S. 20–21.

oder Neustrukturierung der Pflichteinsätze), flexiblere Einsatz- und Schwerpunktmodelle sowie eine verbindlichere Lernortkooperation (inkl. digitaler Schnittstellen und geprüfter Praxisanleitung). Ferner werden praxisnahe Lernumgebungen sowie Maßnahmen zur Rekrutierung und Bindung als unterstützend angegeben.

4.4 Ableitung von Handlungsempfehlungen

Den Abschluss der empirischen Ergebnisdarstellung bildet die Beantwortung der dritten Teilforschungsfrage:

- *Welche praxisorientierten Handlungsempfehlungen lassen sich aus den ermittelten Erfahrungen für Pflegeorganisationen, Pflegefachschulen und die Landespolitik ableiten?*

Vor diesem Hintergrund verschiebt sich die Analyse der Stärken, Schwächen und Potenziale hin zur konkreten Verantwortungszuschreibung. Die in Hauptkategorie *„HK5 – Handlungsempfehlungen“* subsumierten Aussagen zeigen dabei eine klare Adressierung auf Systemebene (siehe Abbildung 4.5).

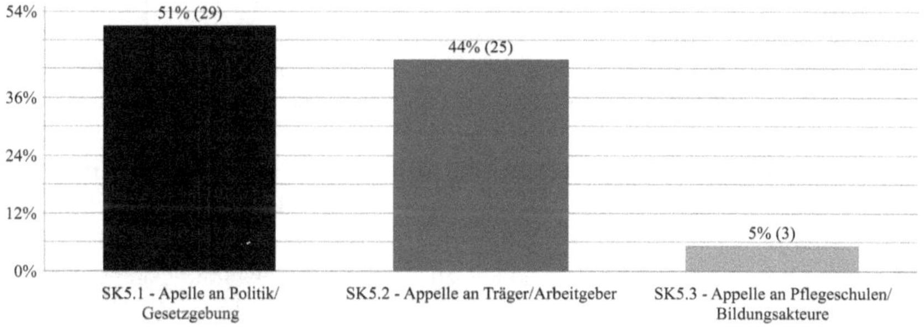

Abbildung 4.5 HK5 – Handlungsempfehlungen (Codehäufigkeiten). (**Quelle:** Eigene Darstellung (erstellt mit *MAXQDA*))

Mehr als die Hälfte der Nennungen (51 %) beinhalten Appelle an die Politik und Gesetzgebung (SK5.1). Mit 44 % folgen Forderungen an die Träger und Arbeitgeber (SK5.2), was verdeutlicht, dass die Experten die Ursachen und

Herausforderungen in erster Linie im gesetzlichen Rahmen und den betrieblichen Gegebenheiten verorten. Auffallend gering ist der Anteil der Appelle an die Pflegeschulen und Bildungsakteure (SK5.3). Dieser Befund lässt verschiedene Deutungen zu. Zum einen könnte er darauf hinweisen, dass im schulischen Setting vergleichsweise weniger akute Missstände wahrgenommen werden als in der betrieblichen Praxis. Zum anderen legt die Verteilung nahe, dass die Interviewpartner die Hebel für systemische Verbesserungen kaum im pädagogischen Einflussbereich der Schulen sehen, sondern vielmehr in den übergeordneten politischen und ökonomischen Strukturen, die den Handlungsspielraum der Bildungsstätten maßgeblich determinieren.

Da die dritte Teilforschungsfrage explizit die Adressaten der Maßnahmen anspricht und sich die Inhalte der Akteursgruppen stark überschneiden, wird im Folgenden von der bisherigen Gliederung nach besagten Gruppen abgewichen. Stattdessen erfolgt die Darstellung systematisch nach Entscheidungsträgern, mit dem Ziel, die Implikationen für die Landespolitik (4.4.1)[188], die Pflegeorganisationen (4.4.2) und die Pflegeschulen (4.4.3) konkret herauszuarbeiten.

4.4.1 Handlungsempfehlungen an Politik und Gesetzgeber

Auf politischer, gesetzgebender Ebene wird ein verlässlicher Ordnungsrahmen eingefordert, der fachliche Tiefe ermöglicht, Umsetzungsqualität absichert und die Berufsausbildung zugleich anschlussfähig gestaltet. Als Leitmotiv dominiert die Forderung nach einer *„Entzerrung"* der Generalistik, die entweder über Zeitgewinne oder über strukturelle Schwerpunktlogiken herzustellen ist. So wird eine Verlängerung bzw. Umstrukturierung der Ausbildungsdauer als Voraussetzung vertiefter Kompetenzentwicklung gewünscht.[189] Teilweise wird dies mit Akademisierungserwartungen verknüpft, um die fachliche Anspruchsnähe anzuheben.[190] Alternativ wird eine Rückkehr zu getrennten Ausbildungsgängen bzw. ein *„Splitten"* der Berufsbilder verlangt; insbesondere die Kinderkrankenpflege

[188] Wenngleich die Gesetzgebungskompetenz für das PflBG primär beim Bund liegt, erfolgt die Adressierung hier an die Landespolitik. Dies begründet sich aus dem regionalen Bezug der Forschungsfrage sowie der Möglichkeit der Landesregierung Sachsen-Anhalt, über föderale Mitwirkungsgremien initiativ auf Bundesentscheidungen einzuwirken.

[189] Vgl. Interview A2, Pos. 38, S. 6; Vgl. Interview A4, Pos. 86, S. 15; Vgl. Interview P1, Pos. 56, S. 14; Vgl. Interview P2, Pos. 88, S. 14–15.

[190] Vgl. Interview A6, Pos. 84, S. 22.

gilt dabei als im generalistischen Format unzureichend abbildbar.[191] Neben der Ausbildungsarchitektur werden inhaltliche und organisatorische Nachsteuerungen eingefordert. Dazu zählt eine Reduktion bzw. Umgestaltung von Praxisbestimmungen: Externe Praktikumszeiten sollen zugunsten längerer Präsenz im eigenen Unternehmen deutlich begrenzt werden, um spezifischere Förderung und Bindung zu ermöglichen.[192] Ergänzend wird eine Streichung der faktisch kaum genutzten *„Wahlmöglichkeit am Ende"* vorgeschlagen.[193] Zur Standardisierung und administrativen Entlastung werden bundeseinheitliche Instrumente (z. B. Ausbildungsmappe)[194] sowie eine kohärente Aus- oder Umgestaltung von Zwischenprüfungen bzw. Anschlussoptionen[195] als Forderung hervorgebracht.

Als zweites Schwerpunktfeld wird Qualitätssicherung über verbindliche Kontroll- und Sanktionsmechanismen postuliert. Eine unabhängige Prüfinstanz nach dem Modell externer Begutachtung soll Ausbildungsqualität konsequent überprüfen.[196] Parallel wird ein sanktionsbewehrter Kontrollmechanismus für die Umsetzung der Praxisanleitung gefordert, der Versorgungseinrichtungen kontrolliert und Konsequenzen bei Nichteinhaltung vorsieht.[197] In diesem Kontext fällt auch die Forderung nach stärkerer Einbindung praktischer Expertise in Reformprozesse, um Regelsetzung näher an Versorgungsrealitäten auszurichten.[198] Es wird obendrein angemerkt, dass es sinnhaft wäre, zunächst die Umsetzungsdefizite der Generalistik verbindlich zu beheben, weil andernfalls eine zusätzliche Überlastung der Praxisbefürchtet wird.[199] Im Bereich *„Professionalisierung und Zugang"* werden höhere Einstiegshürden und vorbereitende Elemente als verbindliche Eignungs- und Realitätschecks vorgeschlagen. Genannt werden ein verpflichtendes (Vor-)Praktikum zur Reduktion von Praxisschock-Effekten sowie eine generelle Anhebung von Zugangsvoraussetzungen.[200] Zudem wird eine

[191] Vgl. Interview P2, Pos. 58, S. 9; P2, Pos. 88, S. 14–15; Vgl. Interview P3, Pos. 72, S. 25.

[192] Vgl. Interview P3, Pos. 74, S. 25.

[193] Vgl. Interview L1, L2, Pos. 165, S. 29.

[194] Vgl. Interview L3, L4, L5, Pos. 108, S. 27; Vgl. Interview L6, Pos. 90, S. 22; Vgl. Interview L7, Pos. 77–78, S. 25; Vgl. Interview A6, Pos. 74, S. 20.

[195] Vgl. Interview L3, L4, L5, Pos. 147, S. 36–37; Vgl. Interview L8, Pos. 48–50, S. 11–12, Pos. 53–54, S. 12.

[196] Vgl. Interview L8, Pos. 91–94, S. 24–25.

[197] Vgl. Interview L1, L2, Pos. 128, S. 23.

[198] Vgl. Interview L6, Pos. 4–6, S. 1–2; Vgl. Interview L8, S. 27.

[199] Vgl. Interview L8, Pos. 56, S. 13–14.

[200] Vgl. Interview A5, Pos. 37–38, S. 9; Vgl. Interview P3, Pos. 80, S. 27; Vgl. Interview L8, Pos. 75–76, S. 19–20.

Begrenzung fachfremder Quereinstiege als Beitrag zur Statussicherung der Profession angemahnt.[201] Ein weiterer Strang betrifft das Qualifikationsniveau der Pflegepädagogen. Eine Absenkung bzw. Flexibilisierung formaler Lehrerqualifikationsanforderungen (Masterabschluss) wird als pragmatische Maßnahme zur Sicherung schulischer Personalkapazitäten für zwingend erforderlich erachtet[202], begleitet durch die Forderung nach zusätzlichem Lehrpersonal zur Kompensation von Personal- und Unterrichtsausfällen.[203] Schließlich werden Investitionen in schulische Unterstützungsstrukturen und Infrastruktur (z. B. Schulsozialarbeit, Skills-Lab-Betreuung) als politisch zu finanzierende Voraussetzung erbeten.[204]

4.4.2 Handlungsempfehlungen an Träger und Arbeitgeber

Im Fokus der an Träger und Arbeitgeber gerichteten Forderungen stehen Umsetzungsqualität in der Praxis, Bindungsmechanismen sowie arbeitsorganisatorische und gesundheitsbezogene Voraussetzungen. Grundlegende Vorgabe ist eine reale Stärkung der Praxisanleitung, die nicht als *„Nebenaufgabe"* im Versorgungsalltag mitlaufen darf. Sicherzustellen sind verlässliche Ansprechpartner, Schutz vor Ausnutzung als vollwertige Arbeitskraft sowie Transparenz über Umfang und Umsetzung der vorgesehenen Arbeitszeiten.[205] In Ergänzung dazu werden verbindliche Strukturhilfen für Praxisanleiter (*„Fahrplan"*) als Trägeraufgabe gesehen.[206] Zudem wird die Freistellung von Praxisanleitern als zwingende Bedingung vorausgesetzt; formale Qualifizierung allein gilt als nicht hinreichend, solange die Zeitressourcen fehlen.[207] Bindungsstrategien werden insbesondere für Phasen externer Einsätze eingefordert. Pre-Boarding/Onboarding-Arrangements sowie kontinuierliche Kontaktformate (Einladungen zu Mitarbeiterveranstaltungen, Reflexionsgespräche, Einbindung in Teamsitzungen) sollen Zugehörigkeit auch während der Fremd- bzw. Außeneinsätze absichern.[208] Auch im Einsatzrahmen innerhalb der Stammbetriebe wird zu einem Umdenken geraten; explizit wird

[201] Vgl. Interview P3, Pos. 82, S. 27–28.

[202] Vgl. Interview L8, Pos. 88, S. 23.

[203] Vgl. Interview A1, Pos. 102, S. 15.

[204] Vgl. Interview L8, Pos. 31–32, S. 7–8, Pos. 102, S. 26.

[205] Vgl. Interview A4, Pos. 74, S. 13; Vgl. Interview P1, Pos. 66, S. 16.

[206] Vgl. Interview P1, Pos. 70, S. 17.

[207] Vgl. Interview L6, Pos. 72, S. 17.

[208] Vgl. Interview L3, L4, L5, Pos. 17, S. 5.

für eine wertschätzenden Ausbildungs- und Willkommenskultur plädiert.[209] Darüber hinaus werden Mentoring- bzw. *„Buddy"*-Konzepte und Kennenlernwochen als verbindliche Übergangs- und Stabilisierungselemente benannt.[210] Hinsichtlich der Gewinnung neuer Auszubildender in Kliniken wird eine frühzeitige und professionellere Rekrutierungs- und Außendarstellungslogik in den Einrichtungen empfohlen.[211]

Die Forderung nach Entlastungs- und Gesundheitsangeboten sind Gegenstand eines weiteren Handlungsstrangs. Genannt werden in diesem Zusammenhang Maßnahmen des betrieblichen Gesundheitsmanagements zur Bindung und Reduktion krankheitsbedingter Personalausfälle und andere *„kleine Nettigkeiten"*.[212] Arbeitsorganisatorisch werden lernfreundlichere Zeitmodelle gefordert, die Praxisarbeit und Zeit für Theorieaufträge sinnvoll takten und Überlastung vermeiden.[213] Materielle Unterstützungen – bspw. Lernmaterialien bzw. Fachliteratur – werden als potenzieller Attraktivitätsfaktor benannt.[214] Schlussendlich wird im Kontext internationaler Rekrutierung die Verantwortung der Einrichtungsträger für Sprachförderung und Vor-Ort-Unterstützung akzentuiert, z. B. durch Kurszeiten während der Arbeitszeit und begleitende Unterstützungsangebote.[215]

4.4.3 Handlungsempfehlungen an die Bildungsakteure

Empfehlungen an die Bildungsakteure respektive Pflegeschulen richten sich in erster Linie auf didaktische Adaptionen, chancengerechte Lernunterstützung und eine stärkere Anschlussfähigkeit der schulischen Vermittlung an heterogene Lerngruppen. Ein wiederkehrendes Ziel ist die verbindliche Förderung professioneller Selbstständigkeit. Demnach sollen die Auszubildenden verstärkt und systematisch zu kritisch-reflexivem Handeln befähigt werden, einschließlich der

[209] Vgl. Interview L8, Pos. 76, S. 20, Pos. 64, S. 16.
[210] Vgl. Interview L7, Pos. 88, S. 28–29.
[211] Vgl. Interview L1, L2, Pos. 110–112, S. 20.
[212] Vgl. Interview P4, Pos. 56–58, S. 17, Pos. 68, S. 21.
[213] Vgl. Interview P3, Pos. 68, S. 23.
[214] Vgl. Interview L7, Pos. 88, S. 28–29.
[215] Vgl. Interview P1, Pos. 82, S. 20.

Fähigkeit, ärztlich-medizinische Entscheidungen nachvollziehbar zu hinterfragen.[216] Parallel dazu wird eine stärkere Steuerung des Medieneinsatzes und der Eigenverantwortung im Unterricht als schulische Kernaufgabe adressiert.[217]

Komplementär zu den trägerseitigen Handlungsempfehlungen werden mit Blick auf die zunehmende sprachliche und kulturelle Heterogenität gezielte Integrations- und Sprachunterstützungsstrukturen auch auf schulischer Seite eingefordert. Im speziellen sind institutionelles Know-how zur Stoffvermittlung bei Sprachbarrieren, passgenauere Unterstützungsangebote sowie eine realistische Einschätzung sprachlicher Kompetenzen jenseits formaler Zertifikate vorgesehen.[218] Diesbezüglich wird zudem mehr Einheitlichkeit zwischen staatlichen und privaten Bildungsträgern verlangt, um divergierende Niveaus und Standards zu reduzieren.[219] Prüfungs- und Lernsettings werden in diesem Kontext als modernisierungsbedürftig markiert. Daher sollen digitale Hilfsmittel mehr genutzt und überholte Lernsettings bzw. -methoden abgelöst werden.[220] In Prüfungssituationen sollte eine höhere Sensibilität der Pädagogen für Auszubildende sichtbar werden. Konkret sind hier pragmatische Unterstützungsformen (z. B. wiederholtes Vorlesen oder bewusste Schwerpunktbetonung beim Vorlesen von Aufgaben durch den Lehrer) als didaktisch legitimierte Hilfen benannt.[221]

Als ergänzender Baustein wird der Aufbau psychosozialer Unterstützungsstrukturen in der Schule gefordert. Anknüpfend an die zuvor identifizierten Unterstützungsbedarfe werden Seelsorger und Schulsozialarbeiter ersehnt, mit dem Ziel, die Auszubildenden besser zu begleiten und deren Ansprüchen und Bedürfnissen adäquat zu begegnen.[222]

Insgesamt lässt sich festhalten, dass die Wünsche und Forderungen an die Bildungsakteure auf die Professionalisierung der schulischen Lernbegleitung zielen, um fachliche Mündigkeit und Teilhabechancen in heterogenen Kohorten nachhaltig zu sichern.

---

[216] Vgl. Interview A6, Pos. 96, S. 25.

[217] Vgl. Interview L6, Pos. 52, S. 12–13.

[218] Vgl. Interview P1, Pos. 78–80, S. 19, Pos. 84, S. 20–21.

[219] Vgl. Interview P1, Pos. 78, S. 19.

[220] Vgl. Interview P1, Pos. 84, S. 20–21.

[221] Vgl. Interview L6, Pos. 70, S. 17.

[222] Vgl. Interview P3, Pos. 50, S. 19; Vgl. Interview L8, Pos. 30, S. 7.

Diskussion und Interpretation 5

Die empirische Bestandsaufnahme in Kapitel 4 hat die vielschichtigen und teils widersprüchlichen Erfahrungen der einzelnen Akteure transparent gemacht. Mit dem nun folgenden Abschnitt wird die deskriptive Ebene der Ergebnisdarstellung verlassen und der Schritt von der Rekonstruktion zur Interpretation vollzogen. Es geht demnach nicht mehr um das „*Was*" der Ergebnisse, sondern vielmehr um deren Einordnung in den theoretischen und versorgungspolitischen Gesamtkontext. Dieser analytische Transfer erfolgt in mehreren Stufen.

Zunächst werden in Abschnitt 5.1 die wesentlichen Befunde synthetisiert, mit dem Ziel, eine klare Antwortbasis für die drei Teilforschungsfragen zu generieren. Im Anschluss kontextualisiert Abschnitt 5.2 diese Ergebnisse vor dem Hintergrund des aktuellen Forschungsstandes (Abschnitt 2.5). Dabei steht die Frage im Raum, ob die in Sachsen-Anhalt identifizierte Kluft zwischen Anspruch und Wirklichkeit ein singuläres Problem darstellt oder symptomatisch für bundesweite Trends ist. Abschnitt 5.3 unterzieht die adressierten Handlungsempfehlungen einer Machbarkeitsprüfung aus Management-Perspektive, bevor die methodischen Grenzen der Untersuchung in Abschnitt 5.4 kritisch reflektiert und die Reichweite der gewonnenen Erkenntnisse abgesteckt werden.

5.1 Zusammenfassung der zentralen Ergebnisse

Mit Blick auf die drei Teilforschungsfragen lassen sich die Befunde aus Kapitel 4 zu einem übergreifenden Deutungsmuster verdichten. Die Generalistik wird in ihren formalen Zielsetzungen (Flexibilisierung, Mobilität, sektorenübergreifende Einsetzbarkeit) anerkannt, ihre erlebte Ausbildungswirklichkeit bleibt

M. Gotter, *Die generalistische Pflegeausbildung zwischen Anspruch und Wirklichkeit*, BestMasters, https://doi.org/10.1007/978-3-658-52369-5_5

jedoch unter Bedingungen von Ressourcenknappheit, heterogenen Eingangsvoraussetzungen und einer aus Sicht der Akteure überdehnten Breite häufig hinter dem Anspruch einer nachhaltigen Professionalisierung zurück.

Zur ersten Teilforschungsfrage ergibt sich demnach kein schlichtes *„Scheitern“*, sondern eine ambivalente Bilanz. Als Gewinn werden vor allem Flexibilität und Mobilität sowie die damit verbundene Anschlussfähigkeit der generalistischen Pflegeausbildung verstanden. Gleichzeitig wird die Zielerreichung dort als begrenzt bewertet, wo die Berufsreform eine umfassende Handlungskompetenz in allen Versorgungssettings verspricht. Die Expertensicht rekonstruiert hier eine strukturelle Divergenz in Bezug auf Ziele und Mittel. Während die Ausbildungslogik in Richtung Breite und Rotation erweitert wurde, wirken lern- und arbeitsweltliche Voraussetzungen (z. B. Lernbiografie Auszubildender, sprachliche und soziale Diversität) sowie die Praxisrealitäten (z. B. knappe Zeitressourcen) als begrenzende Faktoren der Kompetenzentwicklung.

Hinsichtlich der zweiten Teilforschungsfrage wird das Spannungsfeld inhaltlich konturiert. Im Vordergrund der positiven Zuschreibungen (*„Stärken“*) steht dabei weniger ein einzelnes Ausbildungselement als vielmehr der Charakter des Berufsabschlusses als sektorenübergreifend verwertbare Qualifikation, der Orientierungs- und Anschlussoptionen eröffnet. Demgegenüber treten problematische Strukturmerkmale (*„Schwächen“*) hervor, die sich wiederholt als qualitätsbegrenzend erweisen. Hervorgehoben werden in diesem Zusammenhang insbesondere Stoffverdichtung bei limitierter fachlicher Tiefenstruktur, eine ressourcenabhängig fragile Praxisanleitung und Brüche im Theorie-Praxis-Transfer, welche durch starre Einsatzvorgaben und administrative Lasten zusätzlich verstärkt werden. In der Gesamtschau verdichtet sich folglich ein Grundkonflikt zwischen intendierter universeller Handlungskompetenz und erwarteter Handlungssicherheit. Generalisierung wird zwar als prinzipiell sinnvoll rahmungsfähig, in der Umsetzung hingegen oft als Oberflächenqualifizierung beschrieben, die Absicherung professioneller Routinen eher in nachgelagerte Einarbeitung verschiebt als in der Ausbildung verlässlich herstellt. Aus dieser Gemengelage werden zugleich die zentralen Optimierungspotenziale abgeleitet. Maßgeblich erscheint eine Re-Priorisierung zugunsten fachlicher Grundlagen und vertiefender Lernräume (ggf. über Zeitgewinne durch Ausbildungsverlängerung oder nachgelagerte Spezialisierungsangebote), flankiert durch flexiblere Schwerpunktsetzungen und eine verbindlichere Verzahnung der Lernorte. Im Ergebnis steht die Qualitätsentwicklung in enger Abhängigkeit von Strukturentscheidungen, z. B. Zeitbudgets, klare Zuständigkeiten, verbindliche Praxisanleitung und reduzierte Reibungsverluste.

Perspektive	Teilforschungsfrage 1: Beurteilung der Zielerreichung	Teilforschungsfrage 2: Stärken, Schwächen & Potenziale	Teilforschungsfrage 3: Handlungsempfehlungen
Absolventen	**ambivalent:** • EU-Anerkennung & Mobilität als Gewinn • umfassende Handlungskompetenz begrenzt erreichbar (insbesondere bzgl. Pädiatrie)	• **Stärken:** formale Flexibilität/breite Einsetzbarkeit • **Schwächen:** fachliche Oberflächlichkeit („*gefährliches Halbwissen*"), Brüche zwischen Dokumentation & gelebter Anleitung/Anwendung • **Potenziale:** Wahl-/Schwerpunktoptionen, Re-Priorisierung (weniger „*Beratung*", mehr Grundlagen), engere Theorie-Praxis-Verzahnung, Durchlässigkeit (Träger-/Setting-Wechsel)	• **Politik:** mehr Flexibilität/Schwerpunktfähigkeit (z. B. Wahloptionen), Profilstärkung/Professionalisierung des Berufs • **Träger:** verbindliche Pre-/Onboarding-Strukturen, wertschätzende Integrations-/Willkommenskultur, Image/Recruiting • **Schulen:** didaktische Begleitung des selbstorganisierten Lernens
Praxisanleiter	**überwiegend kritisch:** • formale Ziele (z. B. Mobilität & Anschlussfähigkeit) werden anerkannt • Qualitäts-/Kompetenzziele werden als nur begrenzt realisierbar erlebt	• **Stärken:** prinzipielle Karriere-/Einsatzoptionen durch Generalistik • **Schwächen:** Überlastung/„*Nebenbei*"-Logik, fehlendes Basiswissen, administrativer Druck • **Potenziale:** Entschleunigung (Zeit/Struktur), stärkere Grundlagenvermittlung (instruktive Formate), abgesicherte Praxisanleitung	• **Politik:** Kontrollmechanismen/Sanktionen zur Sicherung der Praxisanleitung, Rahmen zur Entlastung (Zeit/Struktur) • **Träger:** reale Freistellung/Zeitbudgets für Praxisanleitung, gesundheitsfördernde Arbeitsbedingungen • **Schulen:** gezielte Nachqualifizierung/Grundlagenaufbau vor bzw. parallel zu Praxiseinsätzen
Schulleiter & Lehrer	**differenziert:** • Teilziele eher erreichbar (Reflexion/Kommunikation) • Gesamtziel scheitert häufig an strukturellen Voraussetzungen (Handlungskompetenz)	• **Stärken:** modernes Rollenverständnis, reflexive/kommunikative Kompetenzanteile • **Schwächen:** fehlende Sanktions-/Steuerungsmöglichkeiten bei Anleitungsmängeln, hoher Dokumentations-/Koordinationsaufwand, starre Einsatzlogiken, heterogene Lernvoraussetzungen/Sprachbarrieren • **Potenziale:** Flexibilisierung von Einsatzvorgaben, Sprach-/Integrationsunterstützung, digitale Vernetzung der Lernorte (Entbürokratisierung), Skills-Lab/Simulation	• **Politik:** wirksame Sanktionen/Kontrolle bei Anleitungsmängeln; ggf. Anpassung Lehrkräfte-Qualifikationen (gegen Lehrermangel), bundeseinheitliche Standards • **Träger:** verbindliche Lernortkooperation/Kooperationsverträge, verlässlicher Praxispartner • **Schulen:** Ausbau von Unterstützungsstrukturen (Schulsozialarbeit, Beratungsangebote) und praxisnaher Lernumgebungen

Abbildung 5.1 Übersicht der Kernergebnisse nach Akteursgruppen. (**Quelle:** Eigene Darstellung)

Die dritte Teilforschungsfrage führt die Erkenntnisse in einer adressatenbezogenen Zuordnung zusammen. Auf politischer bzw. gesetzgeberischer Ebene werden vor allem Standardisierung, Kontrolle und Sanktionierung (bezüglich der Einhaltung der im PflBG festgeschriebenen Praxisanleitungszeit) sowie Anpassungen der Qualifikations- und Ressourcenarchitektur eingefordert. Träger und arbeitgeberseitig steht die reale Ermöglichung von Praxisanleitung (Freistellung, feste Ansprechpartner, tragfähige Begleitstrukturen) im Fokus, ergänzt um bindungsorientierte Übergänge (Pre-/Onboarding, Willkommenskultur) und gesundheitsbezogene Entlastungsarrangements. Bildungsakteure werden primär hinsichtlich didaktischer Adaptionsleistungen, Unterstützungsstrukturen für heterogene Kohorten sowie der professionellen Lernbegleitung adressiert. Insgesamt entsteht damit ein Interventionsbündel, welches nicht vorrangig auf *„mehr"* Maßnahmen zielt, sondern auf Verbindlichkeit als Ermöglichungsbedingung der im Reformdiskurs behaupteten Kompetenzgewinne. Eine detaillierte Übersicht der Kernergebnisse, differenziert nach den drei untersuchten Perspektiven, findet sich in Abbildung 5.1 (folgende Seite).

5.2 Einordnung in den theoretischen Forschungsstand

Wissenschaftliche Relevanz entfalten empirische Befunde erst durch ihre Rückbindung an die erarbeiteten theoretischen Grundlagen und den aktuellen Forschungsstand. Auf Basis der zuvor verdichteten Ergebnisse gilt es daher, diese nun in den Kontext der in Kapitel 2 dargelegten Zusammenhänge zu stellen und zu prüfen, inwieweit die sachsen-anhaltischen Realitäten den bundesweiten Diskurs bestätigen oder erweitern. Ziel dessen ist eine analytische Schärfung. Subjektive Erfahrungswerte werden eingeordnet und es wird trennscharf herausgearbeitet, welche Herausforderungen systemimmanent sind und welche durch regionale Gegebenheiten mitgeprägt werden. Dadurch wird die Phänomenbeschreibung in Richtung einer fundierteren Kausalitätsbeschreibung überführt.

In ihrer Struktur folgt die Analyse einer zweistufigen Gliederung. Abschnitt 5.2.1 konfrontiert zunächst die erlebte Wirklichkeit der Generalistik mit den ursprünglichen politischen Zielsetzungen. Darauf aufbauend fokussiert Abschnitt 5.2.2 die spezifischen Rahmenbedingungen Sachsen-Anhalts, um zu erörtern, inwiefern die regionalen Besonderheiten als spezifische Chancen oder Barrieren auf die Umsetzung der generalistischen Pflegeausbildung wirken. Ziel dieser Differenzierung ist es, ein nuanciertes Bild der Versorgungsrealität zu zeichnen, welches über pauschale Urteile hinausweist und die Wechselwirkung zwischen Bundesgesetzgebung und Landesstruktur transparent macht.

5.2.1 Realität der Generalistik im Spiegel der politischen Ziele

Ausgangspunkt der folgenden Einordnung bildet die politische Zielarchitektur der Generalistik, d. h. Flexibilisierung und Mobilität, sektorenübergreifende Einsetzbarkeit sowie Professionalisierungs- und Bindungseffekte im Sinne der Versorgungssicherung. Im Abgleich mit den in Abschnitt 5.1 verdichteten Erkenntnissen zeigt sich eine differenzierte Zielerreichung. Strukturziele, wie Anschlussfähigkeit und Verwertbarkeit des Berufsabschlusses, werden überwiegend gestützt, während qualitative Zielsetzungen, wie eine handlungssichere Kompetenzentwicklung über alle Settings hinweg, stärker von Umsetzungs- und Ermöglichungsbedingungen abhängig bleiben. Im Folgenden wird sichtbar, an welchen Stellen Übereinstimmungen zum Forschungsstand bestehen und wo Engpässe darüberhinausgehende Akzentsetzungen nahelegen.

Attraktivität als politisches Ziel umfasst sowohl Imageeffekte als auch strukturelle Haltefaktoren (Zufriedenheit und Abbruchprävention). Im Forschungskontext werden anfänglich teils positive Wahrnehmungstendenzen, im Zeitverlauf hingegen Eintrübungen der Zufriedenheit beschrieben.[1] Vor diesem Hintergrund rückt Attraktivität als wirkungskritische Variable der Umsetzung in den Vordergrund. Prägend erscheint weniger das Reformprinzip selbst als die Umsetzung unter Ressourcenknappheit. Curriculums- und Prüfungsverdichtung, brüchige Lernortverzahnung sowie stark variierende Praxisqualität begünstigen Überforderungswahrnehmungen. Kurz gesagt entsteht Attraktivität nicht durch Struktur, sondern über Alltagserfahrungen. Ein Enttäuschungsempfinden ergibt sich dort, wo hohe Erwartungen an *„die neue Ausbildung"* auf einen Ausbildungsalltag treffen, der Lernzeit, Struktur und Unterstützung nicht verlässlich absichert.

Als eines der Kernversprechen der generalistischen Pflegeausbildung gilt die Öffnung sektoraler Grenzen bei gleichzeitiger Erweiterung beruflicher Mobilitätsoptionen.[2] Empirisch wird dieser Punkt als klarer Strukturvorteil sichtbar: Breitere Einsetzbarkeit und Anschlussfähigkeit werden anerkannt. Gleichzeitig

---

[1] Die Nennung erfolgt unter Bezugnahme auf die auf Seite 28 dargestellten Datenauszüge aus der Begleitforschung des BiBB.

[2] Auf Seite 17 werden in Abschnitt 2.4.1 *„Motivation, Ziele und Anspruch"* für bzw. an die generalistische Pflegeausbildung erörtert und dargestellt.

tritt ein Reformparadox hervor. Breite, Rotation und wechselnde Einsatzlogiken können ohne didaktische und organisatorische Stabilisierung als Komplexitäts- und Belastungstreiber wirksam werden. Formale Zielerreichung (Mobilität) bleibt damit nur begrenzt alltagswirksam, sofern Zeitbudgets, Anleitungskapazitäten und Kontinuität im Lernen nicht systematisch abgesichert sind. Unter diesen Bedingungen verschiebt sich der Nutzen des Strukturgewinns: Statt Entlastung entsteht zusätzliche Koordinations- und Anpassungsleistung, sowohl im Lernen als auch in der praktischen Einbindung.

Normativ ist die Reform eng mit Kompetenzorientierung, Pflegeprozesslogik und Professionalisierung (u. a. in Form erweiterter Verantwortungsbereiche) verknüpft. Erwartet wird folglich nicht nur Breite, sondern Handlungssicherheit in komplexen Versorgungssituationen. In den Ergebnissen zeigt sich jedoch eine Problemkonstellation: Begrenzte inhaltliche Tiefenschärfe, Unsicherheiten beim Übergang in anspruchsvolle Settings sowie eine Verschiebung zentraler Kompetenzkonsolidierung in die betriebliche Einarbeitung werden wiederkehrend benannt. Professionalisierung bleibt damit teilweise programmatisch. Interpretativ spricht dies weniger für ein prinzipielles Scheitern kompetenzorientierter Ausbildung als für eine Divergenz zwischen Anspruch und Ressourcenausstattung. Steigende Anforderungen treffen demnach auf heterogene Lernvoraussetzungen, knappe Zeitfenster und uneinheitliche Praxisanleitung bzw. -begleitung – mit dem Effekt, dass *„Kompetenz“* eher als Anspruchsdruck denn als Entlastung erfahren wird.

Versorgungssicherung setzt neben Rekrutierung vor allem Bindung voraus. Hier verweist der aktuelle Forschungsstand auf steigende Abbruch- und Verlustquoten und diskutiert Ursachen wie hohe Fremdeinsatzanteile, begrenzte Spezialisierungsperspektiven sowie Qualitätsprobleme in der Praxis.[3] Auch die Untersuchungsergebnisse der vorliegenden Arbeit liefern hierfür plausible Mechanismen, z. B. Überforderungsdynamiken (Stofffülle, systemische Defizite), Kontinuitätsbrüche durch häufige Einsatzwechsel und Qualitätsrisiken bei nicht verbindlich ermöglichter Praxisanleitung. Besonders tragfähig erscheint dabei die Annahme eines strukturellen Ungleichgewichts zwischen gestiegenen Ausbildungsanforderungen und verfügbaren Unterstützungs- und Lernbedingungen. Abbruchrisiken ergeben sich damit nicht aus der Generalistik an sich, sondern vielmehr aus einer Umsetzung, die Kompensation, Begleitung und Qualitätssicherung nicht durchgängig gewährleistet. Für das politische Ziel der Stabilisierung

[3] Dies geht sowohl aus der Problemstellung unter Abschnitt 1.1 und der damit verbundenen Statistik (Abbildung 1.2, Seite 4) für das Land Sachsen-Anhalt, als auch den Darlegungen in Abschnitt 2.5, Seite 28–29 hervor.

bedeutet dies Folgendes: Ohne flankierende Ermöglichungsbedingungen bleibt das Reformversprechen in seiner Bindungswirkung limitiert.

Sektorale Durchlässigkeit impliziert keine automatische Angleichung der Attraktivität einzelner Versorgungssettings. In den Untersuchungsergebnissen zeigt sich Ausbildungsqualität deutlich vom jeweiligen Einsatzkontext abhängig: Anleitungsstabilität, angemessene Zeitkontingente und positive Lernkultur begünstigen tragfähige Lernprozesse; dominiert hingegen Versorgungsdruck, treten Funktionalisierung und Lernzeitverlust in den Mittelpunkt. Generalistik wirkt auf diese Weise nicht unbedingt kompensatorisch. Unter ungünstigen Bedingungen kann sie bestehende Attraktivitätsunterschiede sogar verstärken, sofern Qualitätsdifferenzen zwischen Praxislernorten nicht systematisch reduziert werden. Die politisch intendierte Gleichwertigkeit der Versorgungsbereiche bleibt dann eine Zielkategorie, welche an Praxisorganisation und Ressourcenentscheidungen scheitert – nicht am Reformgedanken.

So resultiert aus dem Abgleich der theoretischen und empirischen Forschungsdaten ein kontroverses Bild. Bestätigung finden befürwortende Argumentationsmuster vor allem hinsichtlich System- und Strukturzielen. Unterstützung erhalten zugleich kritische Stimmen dort, wo Breite ohne stabile Vertiefungs- und Unterstützungsstrukturen in Qualitäts- und Sicherheitssorgen, Überforderung und fragile Kompetenzentwicklung mündet. Insgesamt deutet die Befundlage damit auf eine Berufsreform hin, deren Potenziale erkennbar sind, deren intendierte Qualitätsgewinne dennoch konsequent an Ermöglichungsbedingungen gekoppelt bleiben – und damit an die Frage, inwieweit die Divergenz zwischen Anspruch und Mitteln in der praktischen Umsetzung geschlossen werden kann.

5.2.2 Strukturelle Barrieren und Chancen in Sachsen-Anhalt

Aus der in Kapitel 1 entwickelten Problemstellung und der darauffolgenden Relevanzargumentation folgt, dass die generalistische Pflegeausbildung nicht isoliert zu bewerten ist. Vielmehr wirkt sie als arbeitsmarkt- und versorgungspolitisches Instrument innerhalb eines bereits angespannten Systems. Der Fokus kann daher nicht allein auf eine abstrakte Reformbewertung gerichtet werden, sondern muss die Frage nach Wirksamkeit unter realen Rahmenbedingungen stellen: Inwieweit trägt die Berufsausbildung nach dem PflBG in Sachsen-Anhalt – über Rekrutierung hinaus – zu Qualifizierungserfolg und Berufsverbleib bei und damit zur regionalen Versorgungssicherung?

Als „*Stresstest*"-Region lässt sich Sachsen-Anhalt vor allem durch die Überlagerung zweier Kontextparameter fassen: Flächenlandstruktur mit hohem Anteil ländlich geprägter Räume sowie eine ausgeprägte demografische Alterung. Wie in Abschnitt 1.1 und 1.2 herausgestellt, verdichten sich damit strukturelle Rahmenbedingungen, die den regionalen Bedarf an Pflegefachpersonen zusätzlich verschärfen. Daraus lässt sich schlussfolgern, dass die Generalistik in Sachsen-Anhalt in besonderem Maße unter eingeschränkten Ressourcen und hohen Versorgungsanforderungen implementiert wurde und in diesem Kontext weiterhin umgesetzt wird. Dadurch verändert sich die Bewertungslogik der Berufsreform, d. h. entscheidend wird weniger die normative Zielarchitektur als die Robustheit der Ausbildung im Vollzug, also ihre Fähigkeit, unter Ressourcenverknappung verlässlich Kompetenzaufbau und Verbleib zu ermöglichen.

Im Rückgriff auf die Untersuchungsergebnisse aus Kapitel 4 und deren Verdichtung in Abschnitt 5.1 zeigt sich, dass zentrale Wirkmechanismen der Generalistik im Landeskontext spezifisch verstärkt auftreten. Sichtbar wird vor allem eine räumlich und organisatorisch anspruchsvollere Ausbildungsorganisation. Räumliche Streuung erhöht den Abstimmungsaufwand, macht Kooperationen zwischen Lernorten unverzichtbar und erschwert Kontinuität. Rotationen und Fremdeinsatzvorgaben, die im Reformrahmen als Breiten- und Mobilitätsgewinn angelegt sind, erhalten unter diesen Voraussetzungen eine zusätzliche Belastungsdimension. Kontinuitätsbrüche werden damit nicht nur didaktisch relevant, sondern auch infrastrukturell erklärbar. Erschwerend kann eine strukturelle Asymmetrie zwischen Versorgungssettings hinzutreten. Maßgeblich ist dabei nicht die Verortung der einzelnen Einrichtung, sondern die Frage, ob Freistellung, Anleitungskapazitäten und planbare Lernzeit in der Fläche tatsächlich abgesichert werden können. Unter Flächenbedingungen geraten diese Ressourcen häufiger in Konkurrenz zu Koordinations- und Versorgungsanforderungen, weil personelle Reserven begrenzter ausfallen und Abstimmung über mehrere Lernorte zusätzliche Zeit bindet. Das Risiko steigt entsprechend, weil Ausbildung in der Praxis stärker von Versorgungsroutinen überlagert wird und geplante Lernsequenzen nicht in der vorgesehenen Taktung realisiert werden. Die in Abschnitt 5.1 beschriebenen Spannungen werden dadurch nicht neu erzeugt, jedoch in ihrer Wirkung deutlicher erkennbar. Regionalität wird damit zur Frage organisatorischer Steuerbarkeit; eine Abweichung in der Ausgestaltung des PflBG steht nicht im Vordergrund. Vor diesem Hintergrund gewinnt die Kooperations- und Steuerungsstruktur zunehmend an Bedeutung. Denn Ausbildungsfähigkeit entsteht im Flächenland häufig erst durch die Bündelung verteilter Lerngelegenheiten. Fehlt ein verbindlich organisierter Ausbildungsverbund, nehmen Abstimmungsverluste an Schnittstellen zu: Einsatzplanung wird kurzfristiger, Abstimmungen zwischen Pflegeschule und Praxis erfolgen situativ, Zuständigkeiten für Anleitung und Kompetenzfeststellung werden unklar. Formale Einsatzanforderungen können zwar erfüllt werden; die intendierte didaktische Progression bleibt unter solchen Voraussetzungen jedoch weniger stabil absicherbar. Obendrein steigen in der Fläche die Anforderungen an die praktische Umsetzung von Qualitätsvorgaben. Räumlich verteilte Praxislernorte, unterschiedliche Trägergrößen und eine begrenzte Zahl verfügbarer Praxisanleiter erhöhen den Synchronisationsbedarf und erschweren verlässliche Planung. Organisatorische Faktoren entscheiden dann stärker darüber, ob Praxisanleitung und Lernzeit tatsächlich in der vorgesehenen Regelmäßigkeit realisiert werden. Das heißt, Dienstplanlücken, lange Abstimmungswege oder kurzfristige Einsatzanpassungen wirken unmittelbar auf Lerngelegenheiten und Feedbackzyklen. Schließlich tritt damit vor allem eine größere Varianz der Ausbildungsbedingungen zwischen den Praxislernorten hervor. Daraus ergibt sich zugleich die Frage, welche regionalen Ansatzpunkte geeignet sind, diese Unterschiede abzumildern und stabile Ausbildungsprozesse zu fördern.

Während die Ergebnisse in Abschnitt 5.1 allgemeine Handlungsbedarfe, u. a. auf politisch-regulativer Ebene adressieren, zielt der folgende Abschnitt – im Sinne kurzfristig realisierbarer Ansatzpunkte – auf die operative Umsetzung der Kooperation zwischen den Lernorten. In diesem Zusammenhang ist zu konstatieren, dass Kooperationsverträge für ausbildende Pflegeorganisationen bereits eine zwingende Notwendigkeit darstellen. Entwicklungsbedarf besteht daher in erster Linie hinsichtlich der alltagspraktischen Zusammenarbeit und weniger auf vertraglicher Ebene. Unter den Strukturvoraussetzungen eines Flächenlandes wie Sachsen-Anhalt wird Kooperation erst dann zu einem produktiven Faktor, wenn das Schnittstellenmanagement ineinandergreift, also nicht dem Zufall überlassen und als eigenständiger, aktiv gesteuerter Prozess verstanden wird. Konkret setzt dies eine Mindeststruktur der Zusammenarbeit voraus, die wiederkehrende Abläufe, Zuständigkeiten und Informationsflüsse absichert. Zweckmäßig erscheint zunächst die Benennung fester Ansprechpartner auf beiden Seiten – d. h. Pflegeschule und Versorgungseinrichtung – sowie eine eindeutige Zuordnung zentraler Prozessschritte, wie etwa Einsatzplanung, Zielvereinbarung, Rückmeldung und Kompetenzfeststellung. Damit kann Verantwortungsdiffusion abgebaut werden. Es wird verhindert, dass Aufgaben zwischen den Lernorten *„pendeln“*. Ergänzend empfiehlt sich eine Abstimmungsroutine, z. B. durch kurze standardisierte Check-ins je Einsatzphase, um Absprachen nicht erst bei bestehenden Problemen zu initiieren.[4] Angesichts der territorialen Gegebenheiten bietet sich ergänzend eine digitale Bündelung der Zusammenarbeit an, mit dem Ziel, Schnittstellenkommunikation zu vereinfachen und Wegezeiten zu vermeiden. Ein gemeinsamer geschützter Kanal (z. B. digitales Ausbildungsportfolio respektive Verbundplattform) kann Nachweise, Feedbacks und einsatzbezogene Informationen an einem Ort zusammenführen. Kurze digitale Rückmeldungen, einheitliche Vorlagen sowie ein zentraler Ablageort vermögen Koordinationsaufwand zu minimieren und die Wahrscheinlichkeit regelmäßiger Rückkopplung – speziell bei häufigen Einsatzwechseln und mehreren Kooperationspartnern – zu erhöhen.

Eine weitere Chance zur Optimierung liegt in der Standardisierung von Ausbildungsunterlagen. Einheitliche Ausbildungs- und Nachweismappen – derlei Unterlagen sollten zwingend übersichtlich und für alle Anwender praktikabel gestaltet sein –, abgestimmte Kompetenzraster sowie kurze Checklisten pro Einsatzphase können Interpretationsspielräume reduzieren, die Vollständigkeit von Ausbildungsnachweisen optimieren und Doppelaufwand senken. Statt vieler individueller Formate entsteht auf diese Weise ein Dokumentationskern, welcher von allen Kooperationspartnern genutzt wird. Auf diese Weise werden hohe Transparenz, bessere Nachvollziehbarkeit und Anschlussfähigkeit zwischen den Lernorten generiert. Darüber hinaus benötigt Kooperation ein verlässliches Feedback- und Übergabesystem. Praktikabel sind kurze, fest terminierte (Schnittstellen-)Gespräche mit knappen Protokollvorlagen. Dadurch werden Rückmeldung und Austausch systematisiert und als Standardprozess etabliert. Zugleich wird der Theorie-Praxis-Transfer gestärkt, wenn Übergaben nicht nur organisatorische Aspekte klären, sondern Lernziele in konkrete Praxisaufgaben übersetzen. Unklarheiten können zudem auf kurzem Wege zwischen allen Beteiligten beseitigt werden.

---

[4] Standardisierte Check-ins können als kurze, sich wiederholende Rückmeldeformate organisiert werden: z. B. 1. Wöchentlicher 3-Punkte-Abgleich mit festen Leitfragen (ca. fünf Minuten) ‚Was lief gut?', ‚Wo besteht Unsicherheit/Bedarf?' und ‚Welches konkrete Lernziel gilt bis zum nächsten Check (inkl. Lernauftrag?; 2. Einsatzphasenbezogene Gespräche im Format Start-Mitte-Ende (je. ca 10 bis 15 Minuten, in den ersten Tagen, zur Halbzeit, in der Abschlusswoche) zur Zielklärung, Lernstandsprüfung und Übergabe offener Lernziele; 3. Digitale Kurzabfrage per Ampelstatus (grün, gelb, rot) für zentrale Bereiche wie Anleitung/Feedback, Lernzeit, Zielklarheit und Belastung, ergänzt um eine Kurznotiz zum nächsten Schritt; 4. Micro-Feedback unmittelbar nach angeleiteten Tätigkeiten (ca. zwei bis fünf Minuten) nach dem Muster ‚Stop-Start-Continue' (Was war kritisch? Was soll neu geübt werden? Was soll beibehalten werden?).

Ferner kann die Kooperation über gemeinsame Qualifizierung und Unterstützung stabilisiert werden. Die verpflichtende jährliche Fortbildung für Praxisanleiter lässt sich dabei verbundweit nutzen, um einheitliche Beurteilungsstandards abzustimmen, den Umgang mit herausfordernden Ausbildungssituationen zu trainieren sowie professionelle Gesprächsführung und die Gestaltung lernwirksamer Praxisaufgaben zu vertiefen. Einen innovativen Lösungsansatz zur Kompensation struktureller Engpässe stellt zudem das Modell verbundinterner Praxisanleiter dar. Als übergeordnete, trägerübergreifende Ressource können diese zusätzlich qualifizierten Pflegefachpersonen flexibel dort agieren, wo Versorgungseinrichtungen – etwa aufgrund ihrer Betriebsgröße oder personeller Vakanzen – keine kontinuierliche Freistellung gewährleisten können. Anleitungssicherheit wird so vom akuten Versorgungsdruck des Einzelträgers entkoppelt und als verbundweite Qualitätsgarantie abgesichert. Ergänzend bieten sich niedrigschwellige Unterstützungsangebote für Auszubildende an (Mentoring, Lerncoaching, klare Anlaufstellen bei Belastung), welche die Kontinuität über Einsatzwechsel hinweg gewährleisten und damit ein essenzielles Risiko im Ausbildungsverlauf minimieren. Dementsprechend wird Kooperation von einer formalen Notwendigkeit zu einer tragfähigen Praxis: nicht durch zusätzliche Kooperationsverträge, sondern durch stärker abgestimmte Routinen, einheitliche Instrumente und gesicherten, lückenlosen Austausch zwischen den Lernorten.

5.3 Kritische Reflexion der abgeleiteten Handlungsempfehlungen

Im bisherigen Verlauf wurden wesentliche Ansatzpunkte sichtbar, wie die generalistische Pflegeausbildung qualitativ stabilisiert und ihre Bindungswirkung gestärkt werden kann. Für die Diskussion reicht die ausschließliche Benennung solcher Lösungsvorschläge jedoch nicht aus. Erforderlich ist eine Einschätzung, welche Vorschläge unter den gegebenen Rahmenbedingungen tatsächlich realisierbar erscheinen, welche Ressourcen sie voraussetzen und welche Zielkonflikte sich daraus ergeben, vor allem im Spannungsfeld begrenzter Kapazitäten, knapper Budgets und geteilter Zuständigkeiten. Die folgende Machbarkeitsprüfung übernimmt die bereits bei der Ableitung der Handlungsempfehlungen genutzte adressatenbezogene Perspektive und führt diese als Bewertungsrahmen fort.

Abschnitt 5.3.1 bewertet zunächst politisch-regulative Stellschrauben und ordnet sie zwischen struktureller Qualitätsentwicklung und kurzfristigen Versorgungsanforderungen ein. Anschließend daran nimmt Abschnitt 5.3.2 Maßnahmen auf Träger- und Arbeitgeberseite in den Blick. Das darauffolgende Abschnitt 5.3.3

fokussiert die Schulebene und prüft Unterstützungs- und Infrastrukturmaßnahmen vor dem Hintergrund kapazitiver Grenzen und Zuständigkeiten. Ein abschließender Querschnitt (Abschnitt 5.3.4) fasst die Machbarkeitsbefunde zusammen und verdichtet sie zu einer priorisierenden Einordnung nach Zeithorizont und Umsetzbarkeit.

5.3.1 Umsetzbarkeit politisch-regulativer Ansätze

Aus den Empfehlungen der befragten Experten an Politik und Gesetzgeber wird ein deutlicher Zielkonflikt erkennbar: Qualitätssteigerung wird zumeist über die Forderung nach einem *„Mehr"* – sei es an Zeit, Praxisanleitung, Unterstützung – formuliert. Dieser Anspruch kollidiert jedoch mit den Systemrealitäten, die durch Personalknappheit und begrenzte Ressourcen geprägt bleiben. Faktisch führt dies zu einer unmittelbaren Ressourcenkonkurrenz, weil jede zusätzliche Stunde für pädagogische Aufgaben im Dienstplan der direkten Patienten- bzw. Bewohnerversorgung entzogen wird. Verschärft wird diese Konstellation durch die Grenzen des Umlagesystems. Zwar sichert dieses die Ausbildungsvergütung strukturell ab, finanziert jedoch nicht automatisch jede notwendige Qualitätsinvestition in die Praxisorganisation. Folglich entsteht an dieser Stelle ein gravierendes Umsetzungsdilemma zwischen Qualitätsanspruch und versorgungsorientierter Wirklichkeit. Eine Ausdehnung der Ausbildungszeit könnte grundsätzlich Kompetenzkonsolidierung begünstigen und Überforderungsdynamiken abmildern; gleichzeitig drohen rekrutierungsseitige Nebenfolgen (z. B. längere Ausbildungsdauer als Eintrittshürde, spätere Arbeitsmarktwirkung). In Anbetracht kurzfristiger Personalbedarfe im Fachkräftebereich wäre die Maßnahme deshalb nur bedingt unmittelbar wirksam, sondern primär als Qualitätsinvestition mit zeitverzögertem Nutzen zu bewerten. Realistischer erscheint – auch aus Steuerungssicht – eine Neujustierung der Einsatzstruktur, da hier bei gleichbleibender Gesamtdauer mitunter ein höherer Qualitätshebel erzielt werden könnte, ohne den Einstieg zu verlängern. Entsprechende Hinweise finden sich bereits in den in Abschnitt 4.4 dokumentierten Forderungen nach einer stärkeren didaktischen Steuerung und einer Reduktion von Reibungsverlusten zwischen den Lernorten.

Weiterhin würde ein erneutes Aufsplitten in getrennte Berufsbilder Spezialisierung zwar erleichtern, stünde aber im Spannungsverhältnis zur gesetzlichen Grundidee der generalistischen Qualifikation und zu übergeordneten Harmonisierungserfordernissen (Anschlussfähigkeit bzw. EU-Kompatibilität). Praktikabler wirkt eine Schwerpunktsetzung innerhalb bestehender Strukturen, wie etwa stärker gesteuerte Vertiefungsfenster oder klarere Anschlusswege nach Ausbildungsende, weil hierfür weniger Systembrüche notwendig wären. Eine Streichung respektive Einengung der Vertiefungsoption im dritten Ausbildungsjahr wäre angesichts ihrer geringen Inanspruchnahme zudem organisatorisch nachvollziehbar, würde die Pflegeausbildung strukturell allerdings endgültig auf den generalistischen Berufsabschluss festlegen und irreversibel machen.

Ein zusätzlicher Schwerpunkt betrifft die Durchsetzung von Praxisanleitung. Die konsequente Einhaltung der vorgesehenen Praxisanleitungsstunden markiert einen Kernpunkt praktischer Ausbildungsqualität. Managementseitig entscheidet weniger die Zielsetzung als die Zuständigkeit, d. h. Kontrollaufgaben bei Pflegeschulen würden die wichtigen Kooperationsbeziehungen kompromittieren und Rollenkonflikte begünstigen. Sinnvoller ist daher eine Prüfung über Verwaltungs- bzw. Aufsichtsstrukturen oder etablierte Qualitätssicherungsverfahren, sodass Pflegeschulen und Versorgungseinrichtungen im Arbeitsbündnis verbleiben und tatsächliche Kontrolle extern organisiert wird. Dazu rücken Zugangsvoraussetzungen und vorbereitende Maßnahmen in den Mittelpunkt der Betrachtung. Ein verpflichtendes (Vor-)Praktikum oder andere Anpassungen der Einstiegshürden könnten Passung und Ausbildungsfähigkeit stärken, zugleich allerdings auch das Bewerberfeld verengen. Tragfähiger wirkt daher eine selektive Ausgestaltung, z. B. über standardisierte Eignungsinstrumente, vorbereitende Module oder gestufte Unterstützungsangebote, statt pauschaler Exklusion. Ähnlich ambivalent fällt die Debatte um Lehrerqualifikationen aus. Kurzfristig könnte eine Flexibilisierung dringend benötigte Kapazitäten stabilisieren; mittel- bis langfristig entstünde jedoch das Risiko didaktischer Qualitätsverschiebung, weshalb kompensatorische Sicherungen, wie bspw. Fortbildungen, Mentoringprogramme und Supervisionen mitzudenken wären. Diskussionswürdig bleibt schlussendlich auch die Idee, Zwischenprüfungen mit wirksamen Zwischenerfolgen zu verknüpfen. Ein gesicherter Teilabschluss (z. B. *„Pflegefachassistenz“*) könnte Abbruchfolgen abfedern. Gleichzeitig entstünde ein Anreizproblem, sofern Teilabschlüsse als *„leichter“* Pfad wahrgenommen würden. Tragfähigkeit ergäbe sich dann, wenn die erworbene Teilqualifikation als Rückfalloption mit klarer Wiedereinstiegsperspektive gestaltet wäre.[5]

[5] Ein Anreizproblem liegt vor, wenn ein solcher Teilabschluss über Zwischenprüfungen zwar Abbruchfolgen auffängt, zeitgleich aber den Ausstieg erleichtert, weil er als ausreichende Alternative zum Fachabschluss wahrgenommen wird. Sinnhaft wäre er daher primär als Rückfalloption mit klar geregeltem Wiedereinstieg zum Abschluss zur *„Pflegefachperson“* bzw. *„Pflegefachmann/Pflegefachfrau“* (inkl. Anerkennung bereits erbrachter Leistungen).

5.3.2 Umsetzbarkeit auf Träger- und Arbeitgeberseite

Im betrieblichen Verantwortungsbereich rücken in erster Linie Maßnahmen zur Stabilisierung der praktischen Ausbildungsqualität in den Vordergrund, was insbesondere die Stärkung der Praxisanleitung als eigenständige Funktion jenseits des Versorgungsalltags betrifft. Plausibilität ergibt sich aus der direkten Kopplung von Anleitungskapazität und Kompetenzaufbau. Parallel dazu begrenzen Personaldecke und Dienstplanrealität die Umsetzung. Eine Vollfreistellung als flächendeckender Standard bleibt aufgrund dessen vielerorts eher schwer realisierbar, während die Funktionsaufwertung der Praxisanleitung über definierte Zeitkontingente, Rollenprofile und monetäre Anreize eine vergleichsweise solide Zwischenlösung darstellt. In kleineren Versorgungseinrichtungen kann mithilfe einer einrichtungsübergreifenden Praxisanleitung oder einer verbundbasierten Bündelung Engpässen entgegengewirkt werden, ohne dass jede dieser Pflegeorganisationen dauerhaft eine vollständige Anleitungsstruktur vorhalten muss. Bindungsorientierte Übergänge (Pre-Onboarding, strukturierte Einarbeitung, Ausbildungs- und Willkommenskultur) erscheinen überdies als kosteneffiziente Instrumente mit hoher Wirkung auf Erwartungsklarheit und Identifikation, speziell in der frühen Ausbildungsphase.

Bezüglich der allgemeinen Finanzierbarkeit ist zu bemerken, dass zusätzliche Anleitungs- und Entlastungsressourcen nicht zwingend durch die bestehende Systemfinanzierung kompensiert werden können. Daraus folgt eine Prioritätensetzung, was bedeutet, dass Maßnahmen, die mit begrenztem Budget Steuerbarkeit steigern, kurzfristig realistischer sind als flächendeckende Personalaufstockung. Für die Praxis ergibt sich demgemäß eine Fokussierung auf die bereits genannten klaren Zuständigkeiten, standardisierten Abläufe, feste Ansprechpartner und realistische Planungsroutinen, mit dem Ziel, Ausbildungsqualität nicht von situativen Dienstplanlagen abhängig werden zu lassen. Auch gesundheits- und entlastungsbezogene Maßnahmen bleiben relevant, erfordern jedoch eine konsequente Prüfung ihrer Finanzierung und organisatorischen Trägerschaft. Kooperative Modelle, etwa über bestehende Präventionsstrukturen (Präventionskataloge der Krankenkassen), vermögen hier die Umsetzbarkeit zu erhöhen.

5.3.3 Umsetzbarkeit schulischer Unterstützungsmaßnahmen

Wie die Untersuchungsergebnisse verdeutlichen, sind schulische Unterstützungs- und Infrastrukturmaßnahmen für die Stabilisierung von Ausbildungserfolg und

Prüfungstauglichkeit von konstitutiver Bedeutsamkeit. Heterogene Kohorten, sprachliche Unterstützungsbedarfe und psychosoziale Belastungssituationen erhöhen Förder- und Koordinationsaufwand erheblich. Ohne strukturelle Entlastung drohen Verdrängungseffekte in den (ohnehin bereits stark verdichteten) Unterricht hinein. Parallel dazu entstehen Zuständigkeits- und Finanzierungsfragen, weil Unterstützungsleistungen zwar fachlich geboten sind, organisatorisch allerdings nur bei gesicherter Trägerschaft dauerhaft implementierbar werden. Kurz- bis mittelfristig bieten sich deshalb kooperationsbasierte Lösungen an, bspw. Netzwerke mit Beratungsstellen, Kooperationen mit Sprach- und Unterstützungsdiensten, Peer-Ansätze oder digitale Lernbausteine.[6] Darüber hinaus kann eine stärkere didaktische Strukturierung des Theorie-Praxis-Transfers – bspw. über klarere Lernaufgabenformate und gezieltere Prüfungsvorbereitung – vergleichsweise schnell wirksam werden, sofern dafür Zeitfenster und Zuständigkeiten in der Schulorganisation vorhanden sind. Organisatorisch ist dennoch zusätzlicher Kapazitätsaufbau geboten, besonders im Bereich der Schulsozialarbeit, Skills-Lab-Unterstützung oder psychosozialer Begleitung. Andernfalls wird Unterstützungsbedarf regelmäßig in die Lehrtätigkeit hinein verlagert und erzeugt dort eine Dauerüberlastung, was mittelbar die Ausbildungsqualität und die Betreuung in Prüfungssituationen negativ beeinflussen kann. Umsetzungsrealismus hängt hier stark von administrativen Verfahren und Finanzierungsentscheidungen ab. Dementsprechend ist eine eindeutige Priorisierung zwischen kurzfristigen kooperativen Lösungen und mittel- bis langfristigen Strukturinvestitionen erforderlich.

5.3.4 Umsetzbarkeit im Querschnitt: Zeithorizont und Nebenfolgen

Querschnittlich offenbart sich eine inhaltliche Konsistenz vieler Forderungen mit den empirisch rekonstruierten Belastungs- und Qualitätsmechanismen. Kritisch zu reflektieren bleibt dennoch die Gefahr einer Maßnahmenakkumulation ohne Priorisierung. Zusätzliche Standards, Kontrollen und Dokumentationspflichten

[6] Peer-Ansätze meinen in diesem Fall interpersonelle Unterstützungsformate durch homogene Gruppen, wie bspw. fortgeschrittene Auszubildende (Buddy-/Mentoring Programme, Lerngruppen, Tutorien). Mit digitalen Lernbausteinen werden kurze, modular aufgebaute Lerneinheiten zur gezielten Wiederholung und Prüfungsvorbereitung angesprochen (Mikromodule, Selbsttests, Sprach-/Fachwortmodule); vorteilhaft ist schließlich die geringe Beanspruchung schulischer Personalkapazitäten, denn oftmals reichen Raum-, Material- und Zeitbereitstellung sowie ein definierter organisatorischer Rahmen, ohne dass eine permanente Begleitung durch Lehrer notwendig ist.

vermögen bei unveränderter Ressourcenausstattung unbeabsichtigt administrative Last zu erhöhen und damit Lernzeit zu verkürzen, obwohl gerade deren Absicherung intendiert ist. Aus Managementperspektive spricht deshalb vieles für eine gestufte Umsetzung. Zuvorderst bieten sich Maßnahmen, die mit geringer Kostenwirkung hohe Steuerbarkeit erzeugen, wie etwa besagte Rollenklärung, eindeutige Zuständigkeiten, harmonisierte Prozesse, standardisierte Instrumente und digitale Vereinfachungen an. Darauf gründend folgen investive Maßnahmen mit klarer Wirkannahme, wie z. B. Freistellungsanteile, zusätzliche Anleitungskapazitäten oder Unterstützungsstrukturen in Pflegeschulen. Systemische Reformoptionen wie Ausbildungsdauer, Einsatzstruktur oder Prüfungsarchitektur erfordern hingegen längere Abstimmungsprozesse und sind eher mittel- bis langfristig zu verorten.

Infolgedessen lässt sich die Realisierbarkeitsfrage der geäußerten Wünschen und Forderungen differenziert beantworten. Ein Teil der Expertenvorschläge ist

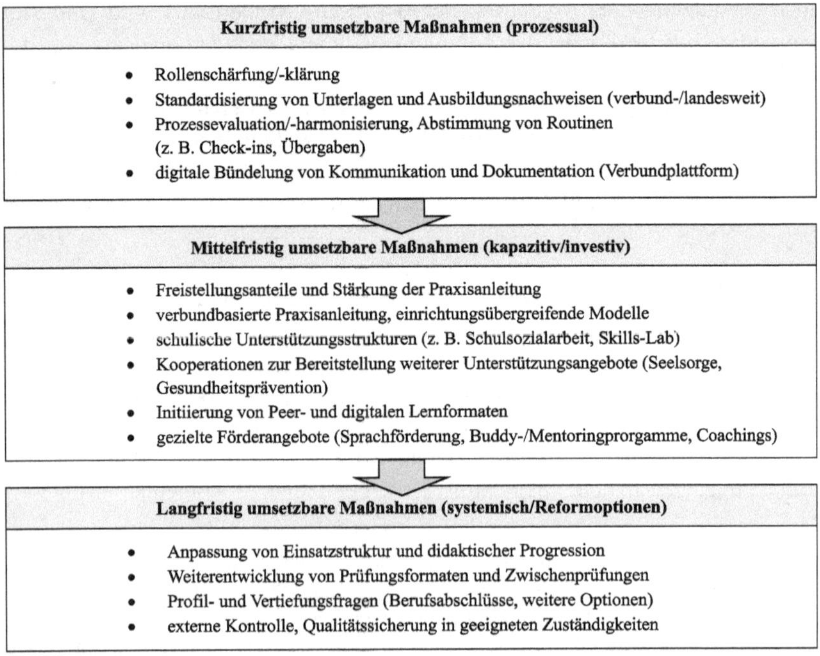

Abbildung 5.2 Stufenschema der Machbarkeitsprüfung. (**Quelle:** Eigene Darstellung)

durchaus kurzfristig umsetzbar, sofern Steuerung und Prozessqualität verbessert werden. Der ressourcenintensive Anteil bleibt indessen an Finanzierung, Zuständigkeit und Personalverfügbarkeit gebunden. In der Gesamtschau lautet damit eine zentrale Kernerkenntnis der Machbarkeitsprüfung: Nicht die Anzahl der Maßnahmen ist entscheidend für die Reformwirkung, sondern die Priorisierung nach Umsetzbarkeit sowie die Absicherung derjenigen Ressourcen, welche als Engpass der Ausbildungsqualität empirisch wiederkehrend sichtbar wurden. Eine gestufte Einordnung der oben beschriebenen Maßnahmen findet sich in Abbildung 5.2.

5.4 Kritische Würdigung der Methodik

Jeder wissenschaftliche Erkenntnisgewinn muss sich an der Qualität seines methodischen Fundaments messen lassen. Anders als in der quantitativen Forschung, welche auf etablierte Standardgütekriterien wie Objektivität, Reliabilität und Validität zurückgreifen kann, existiert für die qualitative Sozialforschung kein universell akzeptierter Kriterienkatalog. Klassische Maßstäbe der Quantifizierung laufen hier ins Leere, da das Erkenntnisinteresse nicht auf Repräsentativität und Messwiederholung zielt, sondern auf das Verstehen komplexer Sinnzusammenhänge und die Rekonstruktion subjektiver Wirklichkeiten.[7] Der Verzicht auf starre Standardisierung bedeutet indes keine methodische Beliebigkeit. Vielmehr verlagert sich der Qualitätsanspruch hin zu Prinzipien der Verfahrenstransparenz, der Regelgeleitetheit und der reflektierten Subjektivität. Als Ordnungsrahmen dient dabei die Systematik von Kuckartz, der in Bezug auf die Gütekriterien qualitativer Forschung zwischen interner und externer Studiengüte differenziert.[8] Diese Unterscheidung strukturiert auch das vorliegende Kapitel. Abschnitt 5.4.1 fokussiert die interne Studiengüte als Prozessqualität von Datenerhebung und -auswertung und bezieht dafür wesentliche Kriterien nach Steinke (zitiert durch Gras und Schieferdecker) ein.[9] Der zweite Abschnitt (Abschnitt 5.4.2) nimmt anschließend die externe Studiengüte in den Fokus und diskutiert Reichweite,

[7] Vgl. Baur, N./ Blasius, J. (Hrsg.) (2022): Handbuch Methoden der empirischen Sozialforschung, 3. Aufl., Wiesbaden, S. 534–535; Vgl. Gras, J./ Schieferdecker, R. (Hrsg.) (2025): Einführung in die Qualitative Sozialforschung, Bad Heilbrunn, S. 32–33.

[8] Vgl. Kuckartz, U./ Rädiker, S. (2024): Qualitative Inhaltsanalyse, Methoden, Praxis, Umsetzung mit Software und künstlicher Intelligenz, 6. Aufl., Weinheim/Basel, S. 234–237.

[9] Vgl. Gras, J./ Schieferdecker, R. (Hrsg.) (2025): Einführung in die Qualitative Sozialforschung, Bad Heilbrunn, S. 35.

Kontextbindung und Übertragbarkeit der Befunde sowie den Geltungsbereich der daraus abgeleiteten Aussagen.

5.4.1 Reflexion der internen Studiengüte

Eine begründete Passung zwischen Forschungsfrage(n) und methodischem Zugriff bildet den Ausgangspunkt der Qualitätsreflexion (Indikation/ Gegenstandsangemessenheit). Angesichts des explorativen Erkenntnisinteresses erweist sich die Entscheidung für ein qualitatives Studiendesign als tragfähig, um Wahrnehmungen, Deutungen und Bewertungen von Akteuren im Wirkungsgefüge der Generalistik detailliert zu erfassen. Feldrealität und Zugangsbedingungen führten allerdings zu einer relevanten Besonderheit der Erhebung: Vorgesehen waren primär Einzelinterviews; im Verlauf wurden situativ zwei Gruppeninterviews ergänzt, mit dem Ziel, die Teilnahme relevanter Experten überhaupt bzw. zeitökonomisch zu ermöglichen. Damit entsteht keine Mixed-Methods-Logik, wohl aber eine Variation des Erhebungsformats, die in der Interpretation zu berücksichtigen ist. Die Einzelinterviews erlaubten individuelle Vertiefung, biografische Bezüge und ambivalente Positionierungen, während die Gruppeninterviews demgegenüber konsensuelle Deutungsmuster und geteilte Argumentationslinien sichtbarer machten. Eine methodische Unschärfe liegt hier in der potenziellen sozialen Erwünschtheit innerhalb der Gruppeninterviews, weil hierarchische Konstellationen oder Harmoniebedürfnisse die Äußerung diametraler Einzelmeinungen möglicherweise überlagerten.

Die grundlegende Anforderung qualitativer Forschung liegt in der nachvollziehbaren Rückbindung der Untersuchungsergebnisse an das Datenmaterial (Empirische Verankerung).[10] Absicherung erfolgte über die vollständige Transkription sowie eine regelgeleitete Auswertung im Rahmen der Qualitativen Inhaltsanalyse. Besonderer Reflexionsbedarf entsteht durch den Einsatz KI-gestützter Assistenzsysteme, da diese sowohl im Zuge des Transkriptionsprozesses als auch in der initialen Strukturierung des Materials zum Einsatz kamen. Zwar oblag die finale Entscheidung über Codes und Kategorienzuordnungen stets dem Verfasser, dennoch bestand das latente Risiko einer suggestiven Lenkungswirkung, weil die automatisierte Mustererkennung naheliegende Lesarten bevorzugen und abweichende Nuancen durchaus übersehen konnte. Manuelle Gegensteuerung erfolgte über wiederholte Rückbindung an Originaltextstellen,

[10] Vgl. Gras, J./ Schieferdecker, R. (Hrsg.) (2025): Einführung in die Qualitative Sozialforschung, Bad Heilbrunn, S. 36.

Audioabgleich sowie die kritische Revision KI-generierter Kodiervorschläge. Zudem wurden Definitionen und Abgrenzungen im Kodierleitfaden iterativ nachgeschärft, sobald Unklarheiten erkennbar wurden. Die empirische Verankerung beruht demgemäß nicht auf Technikvertrauen, sondern auf kontrollierter Nutzung als Hilfsmittel.

Qualitative Ergebnisse gewinnen zusätzlich an Qualität, wenn der Analyseweg dokumentiert und prinzipiell prüfbar bleibt (Intersubjektive Nachvollziehbarkeit).[11] Transparenz wurde über explizit ausgewiesene Analyseschritte, einen detaillierten Kodierleitfaden (Definition, Abgrenzungskriterien, Ankerbeispiele) sowie die regelgeleitete Vorgehensweise der inhaltlich strukturierenden qualitativen Inhaltsanalyse nach Kuckartz hergestellt. Zeitgleich wirkt in qualitativen Studiendesigns die Standortgebundenheit des Forschers stets in die Datenerhebung und -interpretation hinein (Reflektierte Subjektivität).[12] Die berufliche Vorerfahrung des Verfassers im untersuchten Feld fungierte einerseits als Ressource (z. B. Kontextsensibilität, präzise Nachfragen), barg andererseits jedoch auch etwaige Verzerrungen (z. B. Risiko vorschneller Plausibilisierung, selektive Aufmerksamkeit). Eine weitere Grenze interner Studiengüte ergab sich aus der fehlenden externen Verifikation, d. h. aus forschungsökonomischen Gründen wurde weder eine kommunikative Validierung über die Rückspiegelung zentraler Deutungen an die befragten Experten („*Member-Check*") noch eine konsensuale Zweitkodierung des Datenmaterials vorgenommen.[13] Die Interpretation blieb auf diese Weise zwar transparent und methodisch kontrolliert, zugleich aber stärker an eine einzelne Auswertungsperspektive gebunden, als dies bei zusätzlichen Validierungsprozessen der Fall gewesen wäre. Daneben ist eine weitere etwaige Verzerrungsquelle zu benennen. Trotz Zusicherung von Anonymität war durchgehend die Möglichkeit gegeben, dass getroffene Aussagen der Interviewteilnehmer strategischer Selbstpräsentation unterlagen – von Kritikabmilderung bis hin zur Zuspitzung struktureller bzw. institutioneller Defizite.

Die Relevanz der Untersuchungsergebnisse zeigt sich nicht in generalisierbaren Kennzahlen, sondern in der Aufdeckung von Mechanismen, Spannungsfeldern und handlungsrelevanten Ansatzpunkten. Aus den Experteninterviews ergibt

[11] Vgl. Gras, J./ Schieferdecker, R. (Hrsg.) (2025): Einführung in die Qualitative Sozialforschung, Bad Heilbrunn, S. 35–37.

[12] Vgl. Gras, J./ Schieferdecker, R. (Hrsg.) (2025): Einführung in die Qualitative Sozialforschung, Bad Heilbrunn, S. 37–38.

[13] Vgl. Baur, N./ Blasius, J. (Hrsg.) (2022): Handbuch Methoden der empirischen Sozialforschung, 3. Aufl., Wiesbaden, S. 536–537; Vgl. Kuckartz, U./ Rädiker, S. (2024): Fokussierte Inhaltsanalyse mit MAXQDA, 2. Aufl., Wiesbaden, S. 55.

sich eine differenzierte Darstellung der Gesamtsituation in Bezug auf die Umsetzung der generalistischen Pflegeausbildung in Sachsen-Anhalt. Daraus lassen sich wiederum Ansatzpunkte für Weiterentwicklungen ableiten (z. B. hinsichtlich der Lernortkooperation, der Praxisanleitung oder der curricularen Ausgestaltung). Zugleich bleibt der Erkenntnisgewinn auf materialbasierte Deutungen und rekonstruierte Mechanismen beschränkt; belastbare Wirkungsnachweise im Sinne eindeutiger kausaler Attribution waren mit der fokussierten Interviewstudie nicht intendiert.

5.4.2 Einordnung der externen Studiengüte

Für die externe Studiengüte sind die Fallauswahl, der Feldzugang und die Kontextbindung (Standortgebundenheit) maßgeblich. Die Untersuchung gründete auf 15 Experteninterviews und legte den Schwerpunkt auf inhaltliche Tiefe, nicht auf statistische Repräsentativität. Im Material zeigten sich Sättigungstendenzen in zentralen Themenfeldern; ein Anspruch auf Vollständigkeit oder belastbare Verteilungen in der Grundgesamtheit ist damit jedoch nicht verbunden. Die Standortgebundenheit ergibt sich ferner aus dem regionalen Fokus auf Sachsen-Anhalt. Strukturelle Rahmenbedingungen (ländliche Flächenstruktur, demografische Dynamiken, teils kleine Trägerlandschaften) konturieren die Umsetzung des PflBG auf spezifische Weise. Eine unmittelbare Übertragung auf Metropolregionen oder Bundesländer mit deutlich anderer Versorgungsdichte wäre deshalb methodisch nicht zulässig, ohne Kontextprüfung und Vergleichsdaten heranzuziehen, wenngleich bundesweite Belastungsfaktoren, insbesondere der flächendeckende Personalmangel, eine Konvergenz der grundsätzlichen Problemlagen auch über Ländergrenzen hinweg erwarten lassen. Vor diesem Hintergrund bleibt eine analytische Verallgemeinerbarkeit plausibel, sofern sie als Übertragbarkeit von Mechanismen und Spannungsstrukturen verstanden wird und nicht als Übertragbarkeit von Häufigkeiten.[14] Mechanismen wie Verteilungskonflikte in der Praxisanleitung, Brüche in der Lernortkooperation oder Reibungen zwischen curricularem Anspruch und Praxisrealität sind systemisch angelegt und können in anderen Regionen in ähnlicher Form auftreten, auch wenn Ausprägungen und Intensität variieren. Sachsen-Anhalt fungiert hierbei als instruktives Fallbeispiel

[14] Vgl. Kuckartz, U./ Rädiker, S. (2024): Qualitative Inhaltsanalyse, Methoden, Praxis, Umsetzung mit Software und künstlicher Intelligenz, 6. Aufl., Weinheim/Basel, S. 235, S. 250–253.

für strukturelle Belastungsgrenzen. Die Hürden der Generalistik vermögen hier – speziell in der ländlichen Fläche – in besonderer Verdichtung zutage zu treten, wodurch Implementierungsdefizite exemplarisch transparent werden.

Als ergänzende Limitation wirkt ein eventueller Selbstselektionseffekt: Teilnahmebereitschaft korrelierte häufig mit besonderer Betroffenheit, hoher Reflexionsbereitschaft oder klarer Positionierung. Eine Unterrepräsentation weniger engagierter oder stärker belasteter Akteure ist damit nicht auszuschließen. Weiterhin basierte die Untersuchung ausschließlich auf Interviewdaten, was bedeutet, dass die fehlende Triangulation durch zusätzliche Datenquellen (z. B. Beobachtungen, breit angelegte Umfragen) die Möglichkeit einschränkt, berichtete Erfahrungen mit beobachtbaren Praxisprozessen abzugleichen. Insgesamt liefert die Interviewstudie eine transparente, regelgeleitete und kontextsensibel gewonnene Rekonstruktion von Herausforderungen und Deutungsmustern zur Umsetzung des PflBG. Grenzen liegen in der fehlenden externen Validierung der Interpretation, in der formatbedingten Heterogenität der Datengrundlage sowie in der Kontextbindung des Forschungsfeldes. Gerade daraus ergeben sich jedoch Anschlussoptionen für die weitere Forschung: Die hier gewonnenen Erkenntnisse bilden die notwendige Basis für quantitative Folgestudien zur Häufigkeit der identifizierten Phänomene sowie für vergleichende Designs zwischen den einzelnen Bundesländern.

6 Fazit und Ausblick

Nach der Darlegung der empirischen Befunde (siehe Kapitel 4) und deren analytischer Einordnung in den theoretischen und versorgungspraktischen Gesamtkontext (siehe Kapitel 5) führt das abschließende Kapitel die Kernerkenntnisse der Arbeit zu einem konsistenten Gesamtfazit zusammen. Im Vordergrund steht dabei nicht die erneute Reproduktion einzelner Untersuchungsergebnisse, sondern die Einordnung, inwieweit die angestrebten Ziele der generalistischen Berufsausbildung zur Pflegefachperson in Sachsen-Anhalt erreicht wurden, wobei stets die zuvor reflektierten Grenzen der Untersuchung berücksichtigt werden.

Eingangs beantwortet Abschnitt 6.1 die Hauptforschungsfrage und liefert damit den Endbefund zur Erfahrung und Bewertung der Generalistik aus Sicht der drei befragten Akteursgruppen. Aufbauend darauf skizziert Abschnitt 6.2 die wesentlichen Implikationen für die Weiterentwicklung des Pflegeberufs bzw. der Ausbildungsstrukturen und verdeutlicht, welche Konsequenzen sich aus einer ausbleibenden Weiterentwicklung ergeben können. Den Abschluss bildet Abschnitt 6.3 mit einem Ausblick auf erwartbare Entwicklungslinien sowie auf offenen Forschungsbedarf, der sich aus den Befunden und Limitationen konkludieren lässt.

M. Gotter, *Die generalistische Pflegeausbildung zwischen Anspruch und Wirklichkeit*, BestMasters, https://doi.org/10.1007/978-3-658-52369-5_6

6.1 Beantwortung der Hauptforschungsfrage

Mit Inkrafttreten des PflBG wurden im Jahr 2020 die vormals getrennten Ausbildungen in der Altenpflege, Gesundheits- und Krankenpflege sowie Gesundheits- und Kinderkrankenpflege in einer generalistischen Berufsausbildung zusammengeführt. Im theoretischen Teil wurde herausgearbeitet, dass die Reform nicht nur eine inhaltliche Neuordnung verfolgte, sondern auch strukturelle Ziele, wie europäische Anschlussfähigkeit, breitere berufliche Einsetzbarkeit und Stärkung der Attraktivität des Pflegeberufs in Anbetracht zunehmender Personal- und Versorgungsengpässe, adressierte. Zugleich wurden bereits dort Spannungsfelder, wie etwa die hohe Komplexität der Lernortkooperation, der Anspruch einer breit angelegten Kompetenzentwicklung bei begrenzten Ressourcen sowie Risiken einer ungleichmäßigen Ausbildungsqualität zwischen Praxislernorten, ersichtlich. Vor diesem Bezugsrahmen wurden drei Teilforschungsfragen formuliert (siehe Abschnitt 1.3), empirisch bearbeitet und münden nun in die Beantwortung der folgenden übergeordneten Forschungsfrage:

- *Wie wird die generalistische Pflegeausbildung in Sachsen-Anhalt aus Sicht von Absolventen, Praxisanleitern und Lehrern fünf Jahre nach ihrer Einführung erfahren und bewertet, und welche Implikationen ergeben sich daraus für die Praxis, um die Attraktivität und Ausbildungsqualität nachhaltig zu steigern?*

Fünf Jahre nach Einführung stellt sich die generalistische Pflegeausbildung im untersuchten Bundesland weder als verlässlich attraktivitätssteigernd noch als durchgängig qualitätssicher umgesetzt dar. Der Reformanspruch wird in der Wahrnehmung der befragten Experten zwar erkennbar, die tatsächliche Einlösung wesentlicher Zielsetzungen bleibt dennoch oftmals an Bedingungen gebunden, die im Ausbildungsalltag nicht stabil gegeben sind. Im Ergebnis steht damit weniger die Frage einer grundsätzlichen Sinnhaftigkeit der Generalistik im Mittelpunkt, sondern die Frage, wie konsequent und unter welchen Voraussetzungen der intendierte Qualitätsgewinn praktisch realisiert wird. Positive Bewertungen beziehen sich in erster Linie auf die strukturbezogenen Ziele der Generalistik, also den einheitlichen Berufsabschluss, die größere (internationale) Anschlussfähigkeit sowie eine flexiblere Einsatz- und Entwicklungsperspektive. Deutlich wird damit ein Modernisierungseffekt, der die Pflegeausbildung in ihrer Idee plausibel macht und Orientierungsmöglichkeiten eröffnet. Attraktivität erscheint in diesen Passagen vor allem als Versprechen von Flexibilität, Offenheit und beruflicher Mobilität.

Beurteilungen zur Attraktivität speisen sich im Ausbildungsalltag vornehmlich aus der erlebten Ausbildungsrealität und damit aus konkreten Lern- und Arbeitsbedingungen. Wiederkehrende Bruchstellen zeigen sich insbesondere in einer als dicht empfundenen curricularen und prüfungsbezogenen Taktung bei zugleich different wahrgenommener fachlicher Tiefenstruktur, in deutlich variierenden Bedingungen der Praxislernorte sowie in Reibungen des Theorie-Praxis-Transfers. Ausbildungsqualität erscheint in diesem Zusammenhang nicht als konsistentes Merkmal der Ausbildungsordnung, sondern als kontingentes Ergebnis von Ressourcenausstattung, Lernkultur, personeller Kontinuität und Kooperationsfähigkeit der Lernorte. Prägnant wird dies am Stellenwert der Praxisanleitung. Denn sie tritt in der Bewertung als zentraler Qualitätshebel in Erscheinung, wird allerdings parallel dazu als ungleich verfügbar, zeitlich fragil oder organisatorisch überlastet beschrieben. In der Konsequenz bleibt die intendierte Handlungssicherheit in Teilen hinter den Erwartungen zurück. Unsicherheiten in Rollenfindung und Kompetenzaufbau sind des Weiteren erkennbar. Für den Abgleich zwischen Anspruch und Wirklichkeit ergibt sich somit eine zweigeteilte, aber eindeutig gewichtete Erkenntnis: Die Reformimplementierung als solche gilt als erfolgt, die angestrebte Zielerreichung bleibt jedoch nur partiell. Die allgemeinen Strukturziele erscheinen tendenziell eingelöst. Kernziele, welche für Attraktivität und Ausbildungsqualität maßgeblich sind – verlässliche Kompetenzentwicklung, stabile Lernortkooperation, planbare Praxisanleitung und ein als stimmig erlebter Theorie-Praxis-Zusammenhang – sind hingegen nicht hinreichend konsistent realisiert worden. In der Summe wird die Pflegeausbildung eher als *„funktional eingeführt“*, nicht jedoch als *„qualitativ konsolidiert“* von den befragten Experten wahrgenommen.

Aus dieser Gesamtbewertung ergibt sich folglich die Richtung der Implikationen. Attraktivität und Ausbildungsqualität lassen sich demnach weniger über zusätzliche Appelle oder formale Anpassungen erhöhen als über eine Stabilisierung der Umsetzungsbedingungen. Dies betrifft vor allem jene Bereiche, in denen Berufsausbildung im Alltag entschieden wird – die Verlässlichkeit der Praxisanleitung und -begleitung, die Stabilität der Lernortkooperation, die Passung von Einsatzplanung und Kompetenzzielen sowie Entlastungs- und Unterstützungsangebote für Auszubildende. Das folgende Kapitel widmet sich der systematischen Darstellung der abgeleiteten Stellschrauben und konkretisiert diese im Hinblick auf Pflegeschulen, Ausbildungsträger und die bildungs- bzw. gesundheitspolitische Rahmensetzung.

6.2 Implikationen für die Weiterentwicklung des Pflegeberufs

Die Diskrepanz zwischen dem systemischen Modernisierungsanspruch der Generalistik und dessen brüchiger Umsetzung in der Ausbildungspraxis verweist auf einen dringenden Handlungsbedarf. Ein Verharren im Status quo – also eine Fortführung ohne substanzielle Nachbesserung der Rahmenbedingungen – bliebe für die Weiterentwicklung des Pflegeberufs in Sachsen-Anhalt mit hoher Wahrscheinlichkeit nicht folgenlos. Vielmehr steht zu befürchten, dass sich die identifizierten Herausforderungen ohne gezielte Intervention dauerhaft verfestigen. Bleibt die Konsolidierung der Lernortkooperation und der Praxisanleitung aus, gerät der Attraktivitätseffekt der generalistischen Ausrichtung weiter unter Druck; bereits erkennbare Relativierungen würden damit verstärkt. Das Versprechen von Modernität und Durchlässigkeit läuft Gefahr, durch Alltagserfahrungen unzureichender Begleitung und Überforderung als Diskrepanz zwischen Reformversprechen und Ausbildungserleben wahrgenommen zu werden. Eine solche Desillusionierung wirkt problematisch auf die Haltekraft des Berufsfeldes. Denn nicht nur die Nachwuchsgewinnung stellt dann einen erheblichen Engpass dar, sondern zunehmend der frühzeitige Verlust von Auszubildenden und jungen Pflegefachpersonen, die aufgrund fehlender Handlungssicherheit oder eines als *„Praxisschock"* empfundenen Übergangs in die Praxis das Berufsfeld wieder verlassen. Negative Erfahrungsweitergaben können parallel dazu den Reputationsverlust beschleunigen und potenzielle Bewerber zusätzlich abschrecken.

Darüber hinaus birgt eine nicht kompensierte Varianz in der Ausbildungsqualität die Gefahr einer Segmentierung der Ausbildungspraxis. Während größere, gut aufgestellte Trägerverbünde die Anforderungen der generalistischen Pflegeausbildung eher für sich zu nutzen wissen, drohen kleinere, ressourcenschwächere Einrichtungen – besonders in der ländlichen Fläche – durch das Raster der komplexen Kooperationsanforderungen zu fallen. Die Konsequenz wäre eine Verschärfung regionaler Versorgungsdisparitäten, weil Ausbildungsqualität und spätere Fachkräftebindung in einem reziproken Verhältnis stehen. Ohne eine Stabilisierung der Umsetzungsbedingungen würde das PflBG bzw. die damit verbundene Ausbildungsstruktur genau jene Versorgungsengpässe perpetuieren, die sie im Grunde zu reduzieren beabsichtigt. Um diesem Szenario der Stagnation entgegenzuwirken und die Potenziale der Generalistik nachhaltig zu heben, bedarf es einer Strategie, die weg von der reinen Verwaltung hin zur qualitativen, praxisnahen Gestaltung der Ausbildungsprozesse führt. Für die Einordnung und Priorisierung der Handlungsempfehlungen bietet die Machbarkeitsprüfung (siehe Abschnitt 5.3) den passenden Rahmen.

Im kurzfristigen Zeithorizont erweist sich die prozessuale Stabilisierung der Schnittstellen zwischen den Lernorten als vordringlich. Da formale Kooperationsverträge weitgehend etabliert sind, konzentriert sich der Schwerpunkt auf die Operationalisierung der alltagspraktischen Zusammenarbeit – konkret auf die Definition klarer Zuständigkeiten, die Implementierung wiederkehrender Abstimmungsroutinen sowie die Verankerung standardisierter Dokumentations- und Rückmeldeformate. Mittelfristig verlagert sich der Fokus auf die kapazitive Absicherung der herausgearbeiteten Engpassressourcen. Vor allem Praxisanleitung und schulische Unterstützungsstrukturen bedürfen einer investiven und organisatorischen Fundierung. Angesichts des Zielkonflikts zwischen Qualitätsanspruch und Versorgungsrealität gilt es, diese Schlüsselressourcen gezielt zu schützen, anstatt das Anforderungsprofil ohne entsprechende Hinterlegung weiter zu kumulieren. In der langfristigen Perspektive adressieren die Implikationen systemische Rahmensetzungen wie Einsatzstrukturen und Qualitätsdurchsetzung, deren Neujustierung längere Abstimmungsprozesse voraussetzt. Die maßgebliche Stellschraube für die Weiterentwicklung des Pflegeberufs liegt folglich nicht in der Initiierung immer neuer Reformschritte, sondern vielmehr in der Konzentration auf Umsetzbarkeit. Nur durch die konsequente Absicherung jener Ressourcen, die sich empirisch als Nadelöhr der Ausbildungsqualität erwiesen haben, lässt sich das Modernisierungsversprechen der Generalistik nachhaltig einlösen.

6.3 Ausblick und weiterer Forschungsbedarf

Zunächst ist zu konstatieren, dass die vorliegende Untersuchung eine Momentaufnahme in einem noch immer laufenden Transformationsprozess markiert. Der Blick in die Zukunft offenbart, dass die Einführung der generalistischen Pflegeausbildung keineswegs den Endpunkt der Professionalisierung bezeichnet; sie ist eher als Zwischenschritt einer weitreichenden Entwicklung zu begreifen. Perspektivisch zeichnet sich eine fortschreitende Akademisierung der Pflegeausbildung ab. Diese Entwicklung wird künftig einerseits durch internationalen Anpassungsdruck getrieben und andererseits durch die Notwendigkeit geschärfter, qualifikationsbezogener Kompetenzprofile legitimiert. In Anbetracht der steigenden Komplexität der Versorgungsbedarfe und der politisch avisierten Übertragung heilkundlicher Tätigkeiten – wie sie durch aktuelle gesetzgeberische Initiativen zur Erweiterung beruflicher Befugnisse sowie zur Standardisierung der Pflegeassistenz (*„Pflegefachassistenz“*) flankiert werden[1] – ist zu erwarten, dass hochschulische Qualifikationswege mittelfristig zur Voraussetzung für erweiterte Verantwortungsbereiche avancieren. Dies dürfte eine erneute Debatte über die funktionale Arbeitsteilung zwischen fachschulisch und hochschulisch qualifizierten Pflegefachpersonen anstoßen. Zugleich wird die gesetzlich verankerte Evaluation des PflBG voraussichtlich gesetzgeberische Nachjustierungen initiieren müssen – ganz besonders dort, wo die Umsetzungspraxis, wie in der Arbeit gezeigt, strukturell an Grenzen stößt. Jenseits dieser berufspolitischen Entwicklungslinien lassen sich weiterführende Perspektiven in zwei Stränge gliedern: **in** Nachsteuerungsfragen für die Ausbildungspraxis **und in** einen klar umrissenen weiteren Forschungsbedarf. Die aufgezeigten Nachsteuerungsfelder in der Ausbildungspraxis – von Schnittstellen bis Praxisanleitung – wurden bereits ausführlich diskutiert. Damit verbleibt im Folgenden der zweite Strang im expliziten Fokus.

Weiterer Forschungsbedarf ergibt sich vorrangig aus Reichweite und Kontextbindung der vorliegenden Untersuchung. Die qualitativ rekonstruierten Muster und Problemlagen bedürfen einer quantitativen Reichweitenprüfung, um ihre Verbreitung in der Grundgesamtheit zu bestimmen und Einflussfaktoren systematisch zu gewichten. Ergänzend ermöglichen Vergleichsstudien zwischen Bundesländern bzw. Regionen eine Prüfung der Übertragbarkeit der Ergebnisse und eine Einordnung regionaler Besonderheiten im bundesweiten Spektrum. Speziell für Sachsen-Anhalt als Flächenland resultiert die weiterführende Frage, in welchem Ausmaß die zuvor erörterten Spannungsfelder Ausdruck regionaler Strukturbedingungen sind und inwieweit vergleichbare Konstellationen auch in dichter versorgten Räumen auftreten. Erkenntnisgewinn verspricht dabei insbesondere eine systematische Differenzierung nach Versorgungsdichte, Trägerlandschaft, Verbundstruktur und Ausbildungsorganisation, mit dem Ziel, kontextabhängige Verstärkungsmechanismen **offenzulegen** und die Einordnung in die bundesweite Vergleichsperspektive analytisch zu schärfen.

[1] In der laufenden Legislatur wurden zwei strukturprägende Regelungen verabschiedet: Zum einen das *„Gesetz zur Befugniserweiterung und Entbürokratisierung in der Pflege“ (BEEP)* und zum anderen das *„Pflegefachassistenzgesetz (PflFAssG)“*, welches auf eine bundeseinheitliche Ausgestaltung der Pflegeassistenz und die Ablösung der bislang landesrechtlich geregelten Ausbildungswege zielt.; Vgl. Gesetz zur Befugniserweiterung und Entbürokratisierung in der Pflege vom 22.12.2025 (BGBl. I 2025 Nr. 371, Veröffentlichung 29.12.2025, in Kraft seit 01.01.2026); Vgl. Pflegefachassistenzgesetz (PflFAssG) vom 28.10.2025 (BGBl. I Nr. 259, Veröffentlichung 31.10.2025, in Kraft zum 01.01.2027).

Darüber hinaus **ist** ein längsschnittlicher Zugriff angezeigt. Übergänge nach Ausbildungsende – Berufseinstieg, Einarbeitung, frühe **Arbeitgeberbindung** bzw. Abwanderung – lassen sich über punktuelle Erhebungen nur begrenzt abbilden; Verlaufsdaten würden demgegenüber Stabilitäts- und Abbruchdynamiken über längere Zeit nachvollziehbar machen. Ferner empfiehlt sich eine methodische Erweiterung **im Sinne** triangulativer Designs, um subjektive Erfahrungsberichte mit Prozess- und Routinedaten (z. B. Ausbildungsnachweise, Prüfungsleistungen, Abbruchquoten) sowie – wo möglich – punktuellen Beobachtungen zu verknüpfen. Dadurch ließen sich nicht nur Reichweite und Verteilung zentraler Problemlagen bestimmen, sondern auch deren Übersetzung in konkrete Ausbildungsprozesse präziser beschreiben.

Für quantitative Anschlussstudien lassen sich auf Grundlage der vorliegenden Studie prüfbare Hypothesen formulieren:

- **Niedrigerer tatsächlich realisierter Umfang strukturierter Praxisanleitung steht in Zusammenhang mit geringerer wahrgenommener Handlungssicherheit sowie erhöhten Abbruch- bzw. Wechselintentionen.**
- **Mit zunehmender Strukturierung der Lernortkooperation steigen wahrgenommene Theorie-Praxis-Kohärenz sowie Prüfungserfolg und Quote erfolgreicher Berufsabschlüsse.**
- **Eine geringe Koordinations- und Verbundfähigkeit in Träger- und Regionalstrukturen erhöht die Varianz der Ausbildungsqualität zwischen Praxislernorten und senkt die Bindungsabsicht nach Ausbildungsende.**

Zum Abschluss rückt somit weniger eine erneute Zieldebatte als vielmehr eine Evidenz- und Umsetzungsfrage in den Mittelpunkt: Unter welchen Voraussetzungen werden Ausbildungsqualität, Abschlussstabilität und Berufsverbleib verlässlich erreichbar – und welche Steuerungs- und Ressourcenkonstellationen sind hierfür erforderlich?

Literaturverzeichnis

Altenpflegegesetz (AltPflG) in der Fassung der Bekanntmachung vom 25.08.2003 (BGBl. I S. 1690), zuletzt geändert durch Art. 15 des PflBRefG vom 17.07.2017 (BGBl. I S. 2581)

Amt für Statistik Berlin-Brandenburg (2024): Erster Absolventenjahrgang der generalistischen Pflegeausbildung verabschiedet, Pressemitteilung Nr. 159 vom 08.07.2024, korrigierte Fassung vom 11.07.2024, Potsdam, abrufbar unter: https://www.statistik-berlin-brandenburg.de/082-2024, abgerufen am 03.01.2026

Baur, Nina/ Blasius, Jörg (Hrsg.) (2022): Handbuch Methoden der empirischen Sozialforschung, 3., vollständig überarbeitete und erweiterte Auflage, Springer-Verlag, Wiesbaden, ISBN: 978-3-658-37985-8

BibliomedPflege (2016): Lob und Kritik nach Kabinettsbeschluss zur Generalistik, News vom 14.01.2016, Melsungen, abrufbar unter: https://www.bibliomed-pflege.de/news/21057-lob-und-kritik-nach-kabinettsbeschluss-zur-generalistik, abgerufen am 02.01.2026

Birg, Herwig (2005): Die demographische Zeitenwende – Der Bevölkerungsrückgang in Deutschland und Europa, 4. Auflage, Verlag C. H. Beck, München, ISBN: 978-3-406-47552-8

Bleses, Peter/ Busse, Britta/ Zens, Cora (2025): Die neue generalistische Pflegeausbildung in Bremen: Gute Ausbildungsqualität – Ergebnisse einer Evaluationsstudie, Reihe Arbeit und Wirtschaft: Bremen Nr. 49, 01/2025, Bremen, abrufbar unter: https://www.iaw.uni-bremen.de/f/ade883fda6.pdf, abgerufen am 06.10.2025

Breinbauer, Mareike (2020): Arbeitsbedingungen und Arbeitsbelastungen in der Pflege – Eine empirische Untersuchung in Rheinland-Pfalz, Springer-Verlag, Wiesbaden, ISBN: 978-3-658-32021-8

Bundesagentur für Arbeit (2024): Engpassanalyse/Engpassbewertung, abrufbar unter: https://statistik.arbeitsagentur.de/DE/Navigation/Statistiken/Interaktive-Statistiken/Fachkraeftebedarf/Engpassanalyse-Nav.html?Thema%3Denglist%26DR_Region%3Dd%26DR_Engpassbewertung%3De%26DR_Anf%3D2%26mapHadSelection%3Dfalse%26toggleswitch%3D0, abgerufen am 27.12.2025

Bundesagentur für Arbeit (Hrsg.) (2025): Berichte: Blickpunkt Arbeitsmarkt – Arbeitsmarktsituation im Pflegebereich, Nürnberg, abrufbar unter: https://statistik.arbeitsagentur.de/DE/Statischer-Content/Statistiken/Themen-im-Fokus/Berufe/Generische-Publikationen/Altenpflege.html?__blob=publicationFile%C2%A0, abgerufen am 27.12.2025

M. Gotter, *Die generalistische Pflegeausbildung zwischen Anspruch und Wirklichkeit*, BestMasters, https://doi.org/10.1007/978-3-658-52369-5

Bundesärztekammer (Arbeitsgemeinschaft der deutschen Ärztekammern)/ Kassenärztliche Bundesvereinigung (2023): Pflegepräsidentin bewertet Ausbildungsreform als alternativlos, in: Deutsches Ärzteblatt online, abrufbar unter: https://www.aerzteblatt.de/news/pflegeratspraesidentin-bewertet-ausbildungsreform-als-alternativlos-d68b4591-3199-4943-8b20-656d6534d2c6, abgerufen am 30.12.2025

Bundesinstitut für Berufsbildung (BiBB) (Hrsg.) (2020): Begleitmaterialien zu den Rahmenlehrplänen der Fachkommission nach § 53 PflBG, Bonn, abrufbar unter: https://www.bibb.de/dienst/publikationen/de/16613, abgerufen am 29.12.2025

Bundesinstitut für Berufsbildung (Hrsg.) (o. J.): EU-richtlinie zur Berufsanerkennung, abrufbar unter: https://www.anerkennung-in-deutschland.de/html/de/pro/eu-berufsanerkennungsrichtlinie.php, abgerufen am 30.12.2025

Bundesministerium für Gesundheit/ Bundesministerium für Familie, Senioren, Frauen und Jugend/ Bundesministerium für Arbeit und Soziales (Hrsg.) (2021): Konzertierte Aktion Pflege – Zweiter Bericht zum Stand der Umsetzung der Vereinbarungen der Arbeitsgruppen 1 bis 5, Berlin, abrufbar unter: https://www.bundesgesundheitsministerium.de/fileadmin/Dateien/3_Downloads/K/Konzertierte_Aktion_Pflege/KAP_Zweiter_Bericht_zum_Stand_der_Umsetzung_der_Vereinbarungen_der_Arbeitsgruppen_1_bis_5.pdf, abgerufen am 30.12.2025

Bundesministerium für Justiz und Verbraucherschutz/ Bundesamt für Justit (2018): Ausbildungs- und Prüfungsverordnung (PflAPrV), Anlage 7, Stundenverteilung im Rahmen der praktischen Ausbildung der beruflichen Pflegeausbildung, (BGBl. I S. 1572, Nr. 34), zuletzt geändert durch Gesetz am 22.12.2025 (BGBl. 2025 I Nr. 371)

Cascio, Jamais (2020): Facing the Age of Chaos, abrufbar unter: https://medium.com/@cascio/facing-the-age-of-chaos-b00687b1f51d, abgerufen am 28.12.2025

Demografieportal des Bundes und der Länder (2025): Fakten – Altersstruktur der Bevölkerung in Sachsen-Anhalt, abrufbar unter: https://www.demografie-portal.de/DE/Fakten/bevoelkerung-altersstruktur-sachsen-anhalt.html, abgerufen am 28.12.2025

Destatis (2023): Pflegevorausberechnung: 1,8 Millionen mehr Pflegebedürftige bis zum Jahr 2055 zu erwarten, Pressemitteilung Nr. 124 vom 30. März 2023, abrufbar unter: https://www.destatis.de/DE/Presse/Pressemitteilungen/2023/03/PD23_124_12.html, abgerufen am 28.12.2025

Deutscher Berufsverband für Pflegeberufe e. V. (Hrsg.) (2024): Situation der Praxisanleitung – DBfK Auszubildenden-Befragung, Berlin, abrufbar unter: https://www.dbfk.de/media/docs/newsroom/publikationen/Umfrage_Praxisanleitung_Auswertung_final.pdf, abgerufen am 28.12.2025

Deutsche Presse-Agentur (dpa) (2024): Kritik an neuer Pflegeausbildung: Kliniken machen sich Sorgen, in: meinKA – Dein Stadtportal für Karlsruhe, Nachrichten, vom 23.09.2024, Karlsruhe, abrufbar unter: https://meinka.de/kritik-an-neuer-pflegeausbildung-kliniken-machen-sich-sorgen/, abgerufen am 02.01.2026

Deutscher Verein für öffentliche und private Fürsorge e. V. (Hrsg.) (2022): Fachkräftesicherung in Pflege und Sozialer Arbeit, Vierteljahresheft zur Förderung von Sozial-, Jugend- und Gesundheitshilfe, 53. Jahrgang, Nr. 2/2022, Lambertus-Verlag, Berlin, ISBN: 978-3-7841-3490-1

Deutsches Pflegehilfswerk e. V. (o. J.): Besorgniserregende Zahlen: Abbruchquote in Pflegeausbildungen überdurchschnittlich hoch, in Pflegenot Deutschland, Berlin, abrufbar unter: https://www.pflegenot-deutschland.de/ct/pflegeausbildung-abbruchquote/, abgerufen am 02.01.2026

Dielmann, Gerd (2025): Pflegeberufegesetz und Ausbildungs- und Prüfungsordnung – Kommentar für die Praxis, 3., vollständig aktualisierte und erweiterte Auflage, Mabuse-Verlag, Frankfurt am Main, ISBN: 978-3-86321-301-5

Dresing, Thorsten/ Pehl, Thorsten (2015): Praxisbuch Interview – Anleitungen und Regelsysteme für qualitativ Forschende, Transkription & Analyse, 6. Aufl., eigenverlag, Marburg, ISBN: 978-3-8185-0489-2

Fricke, Anno (2015): Kinderärzte sind gegen generalistische Pflegeausbildung, in: Ärzte-Zeitung, Artikel vom 06.10.2015, Berlin, abrufbar unter: https://www.aerztezeitung.de/Politik/Kinderaerzte-sind-gegen-generalistische-Pflegeausbildung-235173.html, abgerufen am 02.01.2016

Gesetz zur Befugniserweiterung und Entbürokratisierung in der Pflege vom 22.12.2025, in der Fassung der Bekanntmachung vom 29.12.2025 (BGBl. I 2025 Nr. 371)

Gras, Juliana/ Schieferdecker, Ralf (Hrsg.) (2025): Einführung in die Qualitative Sozialforschung – Grundlagen für Studierende pädagogischer Studiengänge, Verlag Julius Klinkhardt, Bad Heilbrunn, ISBN: 978-3-7815-6188-5

Helfferich, Cornelia (2011): Die Qualität qualitativer Daten – Manual für die Durchführung qualitativer Interviews, 4. Auflage, VS-Verlag für Sozialwissenschaften, Wiesbaden ISBN: 978-3-531-17382-5

Hamar, Christoph/ Kuckeland, Heidi/ Schneider, Kordula (2019): Veränderungsprozesse an Pflegeschulen – Wie informiert und vorbereitet sind Schulleitungen und Lehrende auf die generalistische Pflegeausbildung?, in: PADUA Fachzeitschrift für Pflegepädagogik, Patientenedukation und -bildung – Veränderungsprozesse in Bildungseinrichtungen gestalten, Jahrgang 14, Heft 3, Hogrefe-Verlag, Bern, ISSN: 1861-6186

Hennes, Hans-Jürgen/ Hoffmann, Marcus/ Dintelmann, Yvonne/ Muhic, Amir (Hrsg.) (2023): Praxishandbuch Generalistik – Paradigmenwechsel in der Pflegeausbildung, medhochzwei-Verlag, Heidelberg, ISBN:978-3-86216-988-7

International Council of Nurses (ICN)/ Deutscher Berufsverband für Pflegeberufe e. V./ Österreichischer Gesundheits- und Krankenpflegeverband/ Schweizer Berufsverband der Pflegefachfrauen und Pflegefachmänner-Association Suisse des Infirmières et Infirmiers (Hrsg.) (2025): Die Neudefinition von pflege und Pflegefachperson, Berlin, abrufbar unter: https://www.dbfk.de/media/docs/newsroom/publikationen/Broschuere_ICN-Paper_Pflegedefinition_10-2025_WEB.pdf, abgerufen am 29.12.2025

Kaiser, Robert (2021): Qualitative Experteninterviews – Konzeptionelle Grundlagen und praktische Durchführung, 2., aktualisierte Auflage, Springer-Verlag, Wiesbaden, ISBN: 978-3-658-30255-9

Kaufhold, Marisa/ Knigge-Demal, Barbara/ Makowsky, Katja (Hrsg.) (2014): Akademisierung und Professionalisierung in den Gesundheitsberufen – Einblicke in die Diskussion, Berlin/Münster, LIT-Verlag, ISBN: 978-3-643-12704-4

Krampe, Eva-Maria (2013): Krankenpflege im Professionalisierungsprozess – Entfeminisierung durch Akademisierung?, in: Die Hochschule: Journal für Wissenschaft und Bildung, 22 (2013) 1, ISBN: 978-3-937573-36-6

Kreutzer, Susanne/ Lange, Jette/ Nolte, Karen/ Pfütsch, Pierre/ Prühlen, Sünje (Hrsg.) (2025): Lehrbuch Geschichte der Pflege – Für Studium und Ausbildung, Springer-Verlag, Berlin, ISBN: 978-3-662-69826-6

Kriesten, Ursula (2016): Altenpflegeausbildung in Deutschland – Diskussion der Prognosen zu einer Integration der Altenpflegeausbildung in eine generalistische Pflegeausbildung, Halle (Saale), abrufbar unter: https://opendata.uni-halle.de/handle/1981185920/8658, abgerufen am 06.10.2025

Kriesten, Ursula (2014): Generalistische Pflegeausbildung Contra: *„Gefahr der Entprofessionalisierung"*, in Dr. med. Mabuse Zeitschrift für alle Gesundheitsberufe – September/Oktober 2014 Schwerpunkt: Pflege heute, 39 Jg., Nr. 211, Frankfurt am Main, ISSN: 0173-430X

Kuckartz, Udo/ Rädiker, Stefan (2024): Fokussierte Inhaltsanalyse mit MAXQDA – Schritt für Schritt, 2. Auflage, Springer-Verlag, Wiesbaden, ISBN: 978-3-658-40212-9

Kuckartz, Udo/ Rädiker, Stefan (2024): Qualitative Inhaltsanalyse, Methoden, Praxis, Umsetzung mit Software und künstlicher Intelligenz, 6., überarbeitete und erweitere Auflage, Beltz-Juventa-Verlag, Weinheim/Basel, ISBN: 978-3-7799-7912-8

Kultusministerium des Landes Sachsen-Anhalt (2005): Rahmenrichtlinien Berufsfachschule Altenpflege, Magdeburg, abrufbar unter: https://www.bildung-lsa.de/files/58acf136c9cf e4ae0ba13b3c2f7bcb58/rrlbfsaltpfl.pdf, abgerufen am 29.12.2025

Landesregierung Sachsen-Anhalt (2020): Verordnung über die Anforderungen an die Geeignetheit von Einrichtungen nach § 7 Abs. 1 und 2 in Verbindung mit Abs. 5 des Pflegeberufegesetzes im Land Sachsen-Anhalt (Pflegeberufe-Eignungsverordnung Sachsen-Anhalt – PflEignVO LSA) vom 22.06.2020, in Gesetz- und Verordnungsblatt für das Land Sachsen-Anhalt (GVBl. LSA) Nr. 23/2020, Magdeburg, abrufbar unter: https://www.ib-sachsen-anhalt.de/fileadmin/user_upload/Dokumente/Ausgle ichsfonds/Ausgleichsfonds_PflEignVO_LSA_2020-06-22.pdf, abgerufen am 01.01.2026

Landesregierung Sachsen-Anhalt (2019): Verordnung über Zuständigkeiten nach dem Pflegeberufegsetz (Pflegeberufezuständigkeitsverordnung – PflBGZustVO) vom 28.05.2019, in: Gesetz- und Verordnungsblatt für das Land Sachsen-Anhalt (GVBl. LSA) Nr. 13/2019, Magdeburg, abrufbar unter: https://www.landesrecht.sachsen-anhalt.de/bsst/doc ument/jlr-PflBGZustVSTpELS, abgerufen am 31.12.2025

Leufgen, Bianca (2025): Orientierungsmuster und Beanspruchungserleben in der Pflege, Springer-Verlag, Wiesbaden, ISBN: 978-3-658-47765-3

Lücke, Stephan (2026): Pflegeausbildung: Angebot übersteigt Nachfrage, in: Bibliomed News vom 16.01.2026, Melsungen, abrufbar unter: https://www.bibliomed-pflege.de/news/pflegeausbildung-angebot-uebersteigt-nachfrage, abgerufen am 17.01.2026

Mayring, Philipp (2023): Einführung in die qualitative Sozialforschung – eine Anleitung zu qualitativem Denken, 7., überarbeitete Auflage, Beltz-Verlag, Weinheim/Basel, ISBN: 978-3-407-29601-6

Millich, Nadine (2025) Kontroverse um Pflegeausbildung: Generalistik in der Kritik – DBfK widerspricht Philippi, in BibliomedPflege, News vom 25.09.2025, Melsungen, abrufbar unter: https://www.bibliomed-pflege.de/news/generalistik-debatte-niedersachsen, abgerufen am 06.10.2025

Millich, Nadine (2018) Sachsen-Anhalt schafft Schulgeld ab, in BibliomedPflege, News vom 28.03.2018, Melsungen, abrufbar unter: https://www.bibliomed-pflege.de/news/34800-altenpflege-sachsen-anhalt-schafft-schulgeld-ab, abgerufen am 29.12.2025

Ministerium für Wirtschaft, Tourismus, Landwirtschaft und Forsten (2025): Stärkung der Attraktivität und Zukunftsfähigkeit ländlicher Räume, abrufbar unter: https://mwl.sac hsen-anhalt.de/landwirtschaft/laendlicher-raum, abgerufen am 04.10.2025

Münnich, Ralf/ Kopp, Johannes (Hrsg.) (2019): Pflege an der Grenze – Entwicklungen, Fragestellungen, Herangehensweisen, Springer-Verlag, Wiesbaden, ISBN: 978-3-658-19575-5

Olden, Daria/ Großmann, Daniel/ Dorin, Lena/ Meng, Michael/ Peters, Miriam/ Reuschenbach, Bernd (2023): Die generalistische Pflegeausbildung in Deutschland aus Sicht Auszubildender, in: Pflege – Die wissenschaftliche Zeitschrift für Pflegeberufe, Jg. 36, Heft 5, 10/2023, Bern, ISSN: 1012-5302

Peters, Miriam/ Klein, Zoé (2022): Die Pflegeausbildung systematisch weiterentwickeln – Forschungsprogramm zur Pflegebildung und zum Pflegeberuf in: Die Schwester Der Pfleger, 61 Jg. Heft 2898, Ausgabe 8/2022, Bibliomed-Verlag, Melsungen, ISSN: 0340-5303

Pflegefachassistenzgesetz (PflFAssG) vom 28.10.2025, in der Fassung der Bekanntmachung vom 31.10.2025, (BGBl. I Nr. 259)

Pickel, Susanne/ Pickel, Gert/ Lauth, Hans-Joachim/ Jahn, Detlef (Hrsg.) (2009): Methoden der vergleichenden Politik- und Sozialwissenschaft – Neue Entwicklungen und Anwendungen, VS-Verlag für Sozialwissenschaften, Wiesbaden, ISBN: 978-3-531-16194-5

Rädiker, Stefan/ Kuckartz, Udo (2019): Analyse qualitativer Daten mit MAXQDA – Text, Audio und Video, Springer-Verlag, Wiesbaden, ISBN: 978-3-658-22095-2

Reiber, Karin/ Mohr, Jutta/ Evans-Borchers, Michaela/ Peters, Miriam (Hrsg.) (2024): Fachkräftesicherung, Versorgungsqualität und Karrieren in der Pflege – Forschung zur beruflichen Bildung im Lebenslauf, wbv-Publikation, Bielefeld, ISBN: 978-3-7639-7433-7

Reuschenbach, Bernd/ Großmann, Daniel/ Olden, Daria (2024): Begleitforschung zur Einführung der neuen Pflegeausbildungen – 3. Befragungswelle Auszubildende 2023, Sonderauswertung: Berufliche Einmündung & Ausbildungszufriedenheit differenziert nach Vertiefungsbereich, Stand: 29.02.2024, München, abrufbar unter: https://www.bibb.de/dokumente/pdf/AB26_BENP_SReport-Berufseinstieg-T3.pdf, abgerufen am 06.10.2025

Riedel, Annette (2007): Professionelle Pflege alter Menschen – Moderne (Alten-) Pflegeausbildung als Reaktion auf gesellschaftlichen Bedarf und die Reformen der Pflegeberufe, Tectum-Verlag Heidelberg, ISBN: 978-3-8288-9419-8

Schwinger, Antje/ Kuhlmey, Adelheid/ Greß, Stefan/ Klauber, Jürgen/ Jacobs, Klaus/ Behrendt, Susann (Hrsg.) (2024): Pflege-Report 2024 – Ankunft der Babyboomer: Welche Pflegestrukturen sind zu gestalten?, Springer-Verlag, Berlin, ISBN: 978-3-662-70189-8

Simon, Michael (2021): Das deutsche Gesundheitssystem – Eine Einführung in Struktur und Funktionsweise, 7., überarbeitete und erweiterte Auflage, Hogrefe-Verlag, Bern, ISBN: 978-3-456-96147-7

Sozialgesetzbuch (SGB) elftes Buch (XI) (2023): Soziale Pflegeversicherung – (Art. 1 des Gesetzes vom 26.05.1994, BGBl. I S. 1014), zuletzt geändert durch Gesetz vom 19.06.2023 (BGBl. 2023 I Nr. 155), § 19 Begriff der Pflegeperson, abrufbar unter: https://www.gesetze-im-internet.de/sgb_11/__19.html, abgerufen am 29.12.2025

Statistisches Landesamt Sachsen-Anhalt (2025): Bevölkerungsstruktur weiter im Wandel: Altersdurchschnitt stieg auf 48 Jahre und 3 Monate, Pressemitteilung Nr. 192/2025, abrufbar unter: https://statistik.sachsen-anhalt.de/fileadmin/Bibliothek/Landesaemter/StaLa/startseite/Daten_und_Veroeffentlichungen/Pressemitteilungen/2025/g_Juli/192-Bev-Altersdurchschnitt_2024.pdf, abgerufen am 28.12.2025

Statistisches Landesamt Sachsen-Anhalt (2025): Sonderauswertung zu Ausbildungsabgängen in der Pflege 2023-2024, unveröffentlichte Datensätze, übermittelt durch Ute Hannemann am 06.10.2025, Halle (Saale)

Storm, Andreas/ Nürnberg, Volker (Hrsg.) (2025): Gesundheitsreport 2025 – Analyse der Arbeitsunfähigkeiten: Mythos Rekordkrankenstand. Generation Z in der Arbeitswelt, Beiträge zur Gesundheitsökonomie und Versorgungsforschung, Band 55, medhochzwei-Verlag, Hamburg, ISBN: 978-3-98800-152-8

ver.di (2024): Ausbildungsreport Pflegeberufe 2024, Berlin, abrufbar unter: https://gesundheit-soziales-bildung.verdi.de/themen/reform-der-pflegeausbildung/++co++a2c19954-b579-11f0-8f9a-f18b7953e8e8, abgerufen am 28.12.2025

Vereinigung der Pflegenden in Bayern (2023): Generalistische Ausbildung zu Unrecht in der Kritik, Pressemitteilung vom 09.08.2023, abrufbar unter: https://www.vdpb-bayern.de/vdpb-generalistische-pflegeausbildung-zu-unrecht-in-der-kritik/, abgerufen am 02.01.2026

Vincentz Network (2025): Abbruchquote in der Pflegeausbildung steigt deutlich, in Altenheim – Lösungen fürs Management, News vom 09.12.2025, Hannover, abrufbar unter: https://www.altenheim.net/impressum/, abgerufen am 02.01.2026

Weidner, Frank (2014): Generalistische Pflegeausbildung Pro: „Jetzt wächst zusammen, was zusammengehört“, in: Dr. med. Mabuse Zeitschrift für alle Gesundheitsberufe – September/Oktober 2014 Schwerpunkt: Pflege heute, 39 Jg., Nr. 211, Frankfurt am Main, ISSN: 0173-430X

Weiß, Thomas/ Meißner, Thomas/ Kempa, Stephanie (2018): Das Pflegeberufereformgesetz (PflBRefG) – Praxiskommentar, Springer-Verlag, Wiesbaden, ISBN: 978-3-658-20945-2

Wissenschaftliches Institut der AOK (WIdO) (2024): Pflege-Report 2024: erhebliche regionale Varianz bei der Entwicklung von Pflegebedürftigkeit in Deutschland, Pressemitteilung vom 10.12.2024, Berlin, abrufbar unter: https://www.wido.de/fileadmin/Dateien/Dokumente/Pressemitteilungen/2024/wido_pm_pflege-report_2024.pdf, abgerufen am 31.12.2025

Wissenschaftsrat (Hrsg.) (2023): Perspektiven für die Weiterentwicklung der Gesundheitsberufe – Wissenschaftliche Potenziale für die Gesundheitsversorgung erkennen und nutzen, Saarbrücken, ISBN: 978-3-935353-98-4

FSC
www.fsc.org
MIX
Papier | Fördert gute Waldnutzung
FSC® C083411

Kolibri 360 GmbH
Ferdinand-Jühlke-Straße 7
99095 Erfurt, Deutschland
produktsicherheit@kolibri360.de